통합과학
한 권으로
끝

통합과학 한 권으로 끝

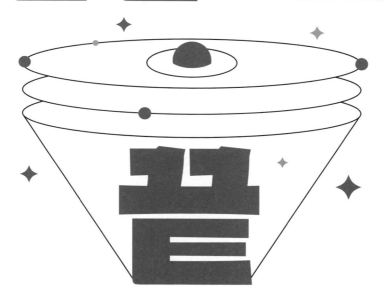

엄예정 지음

동양북스

교실에 있는 다수의 보통 아이와

그 아이의 부모를 위해

처음부터 과학을 어려워하는 아이는 없다

초등학생에게 좋아하는 과목을 꼽으라고 하면 항상 체육과 1위를 다투는 과목이 과학이다. 교육과정에 따라 초등학교 3학년부터 과학을 배우는데, 이때부터 4학년까지는 '생활 속 과학'이라고 할 수 있다. 어린 시절부터 주변 환경에서 보고 듣고 경험한 내용, 책과 텔레비전과 유튜브에서 알게 된 내용 위주로 그만큼 배우기 쉽다. 그래서 초등 3~4학년 아이들은 과학을 좋아하고 재미있어한다.

과학을 싫어하는 아이들이 하나둘 생기기 시작하는 시기는 초등 5학년부터다. 교과서 난도가 높아지고 낯선 개념과 용어가 등장한다. 중등 과학과 연계된 단원들이 있기 때문이다. 배우는 내용도 수준만 조금 낮을 뿐 중등 과학과 별 차이가 없다.

중학교에서는 과학을 어려워하고 싫어하는 아이들이 급격히 많아진다. 한 연구 논문에 따르면, 초등 고학년부터 중학교까지 학년이 올라갈수록 과학 과목에 대한 아이들의 선호도가 감소한다고 한다. 그중 과학 선호도가 가장 낮은 시기는 중학교 3학년이다.[1]

십수 년간 중학교에서 아이들에게 과학을 가르치면서, 매 학기마다 과학이 어렵다고 찾아오는 아이들을 상담하면서, 교사로서 나의 고민은 깊어졌다. '어떻게 하면 과학 공부에 대한 부담을 줄일 수 있을까?' '어떻게 해야 과학을 포기하지 않고 수능까지 공부할 수 있을까?'

선행보다 중요한 것은
'선수 학습'

"여러분 오늘부터 새롭게 시작하는 단원은 초등 6학년에서 배운 내용과 연계돼요. 기억나죠?"

과학 수업에서 새로운 단원으로 들어갈 때마다 아이들에게 선수 학습(본 학습 이전에 습득해야 할 지식)을 떠올리게 한다. 하지만 대다수 아이들의 반응은 한결같다.

'우리가 이걸 배웠다고?' 의심 가득한 표정과 정말 처음 본다는 눈빛으로 칠판을 응시한다. 그러면 나는 무거운 마음으로 중학생 아이들에게 초등 과학 개념부터 다시 설명하며 수업을 시작한다. 도대체 아이들의 과학 공부는 어디서부터 잘못된 걸까?

내가 첫머리에서부터 선수 학습을 꺼내 든 이유는 공부에 있어 선수 학습이 정말 중요하기 때문이다. 실제로 선행 학습, 심화 학습에 비해 선수 학습이란 개념을 알고 있는 사람은 드물다. 그만큼 선수 학습에 대해 모르는 학부모와 학생이 많다.

수학을 예로 들어 보자. 아이들은 초등 1학년 수학에서 덧셈을 배우고, 2학년 수학에서 곱셈을 배운다. 곱셈이 같은 수의 덧셈인 동수누가(같은 수의 더하기)의 원리를 따르기 때문이다. 덧셈(선수 학습)을 배워야 곱셈(본 학습)으로 개념을 순조롭게 확장해 나갈 수 있다. 그리고 곱셈을 제대로 배워야 초등 3학년에 올라가 두 자릿수와 한 자릿수의 곱셈(후속 학습)을 할 수 있다.

이는 수학뿐만이 아니다. 같은 나선형 교육과정인 과학도 마찬가지다. 초등 5학년 과학 <열과 우리 생활> 단원에서 온도가 서로 다른 두 물질에서 열이 이동하는 방식인 전도, 대류, 복사를 배운다. 이후 개념을 확장해 중 1학년 과학 <열> 단원에서 열 전달 과정을 모형으로 표현하는 방식과 온도가 다른 두 물체가 열평형(열이 높은 온도의 물체에서 낮은 온도의 물체로 이동해 시간이 지난 후 두 물체의 온도가 같아진 상태)에 도달하는 과정을 배운다.

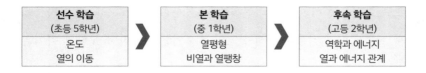

선수 학습 없이는 본 학습, 후속 학습을 이해하기 어렵다. 선수 학습의 결손이 심한 아이는 본 학습, 후속 학습에 집중해도 좋은 성적을 얻지 못한다. 노력 대비 성적이 좋지 않은 경험이 누적되면 아이는 해당 과목 공부에 대한 흥미와 자신감을 잃고 스스로 할 수 없다고 결론짓는다. 학습된 무기력에 빠지는 것이다. 선수 학습의 결손은 아이들이 공부를 포기하는 주요한 원인 중 하나다.

만약 자녀가 초등 고학년이라면 "과학 시간 어때? 수업에서 힘든 건 없어?"라고 물어보자. 아이가 "재미없어요"라고 대답한다면 과학을 어려워하고 있다고 봐도 좋다. 대다수의 아이가 배우는 내용이 어렵고 이해가 안 될 때 '재미없다'라고 표현한다. 그럴 경우 부모는 아이가 과목 내용을 제대로 학습하고 있는지 확인하고, 어려운 점이 있다면 학습 결핍이 생기지 않도록 적극적으로 도움을 줘야 한다. 지금 학년에서 배우는 내용이 다음 학년의 선수 학습이 되기 때문이다.

과학은 과도하게 선행 학습할 필요가 없다. 아이가 초등 고학년이 되어 과학 교과서의 개념과 용어를 어려워한다면 교과서를 다시 읽으며 개념과 용어를 정리하는 것으로 충분하다. 방학 동안 다음 학기, 다음 학년에 배울 내용을 예습할 게 아니라 직전 학기의 학습을 되돌아보고 학습에 결손은 없는지 반드시 확인하는 과정을 거치자.

간혹 초등 6학년 때 겉핥기로 중등 과학을 선행하는 아이들이 있다. 영재고 진학이 목표가 아니라면 복습으로 선수 학습의 결손을 보충하는 것을 최우선해야 한다. 중등 과학은 중학교에 가서 배워도 충분하다.

선행 학습에 치우쳐 지금 배우고 있는 내용을 제대로 익히지 못한 채 쌓은 공부 탑은 쉽게 무너지게 되어 있다.

학교급이 올라갈수록
과학을 포기하는 아이들

초등부터 중 1학년 자유학기까지의 과학은 지필평가(제한 시간 내에 문제를 풀고 답을 쓰는 형식의 평가) 없이 과정 중심의 수행평가만 이루어진다. 그래서 이 시기 아이들은 자신이 배운 내용을 제대로 이해하고 있는지, 얼마나 활용할 수 있는지를 파악하기가 어렵다. 그러다 본격적으로 지필평가를 치르고 수치화한 점수를 받으며 1차 좌절기를 경험한다.

사실 중학교 지필평가 문제는 일부 학군지를 제외하면 쉽게 출제되는 경향이 있다. 학습 수준을 측정하고 성장을 도모하는 과정 중심의 평가에서는 아이의 학습 성취도 달성에 목표를 두기 때문이다. 그러나 교과서와 학습지를 바탕으로 문제를 쉽게 내도 백 점을 맞는 아이가 많지 않다.

2차 좌절기는 통합과학을 공부하며 수능을 대비하는 고등학교에서 겪게 된다. 고등학교에서는 모든 아이가 공부를 열심히 한다. 게다가 고등학교 내신은 중학교와 달리 상대평가 시스템이다. 문제를 쉽게 내면 동점자가 많이 나와 1등급이 없을 수도 있으니, 변별력을 확보하기 위해 어렵고 까다로운 문제를 출제할 수밖에 없다. 중학교에서 쉬운 문제로도 백 점을 맞지 못하던 아이들이 고등학교에서는 수능과 비슷한 유형의 어려운 문제들을 풀며 경쟁해야 한다.

시험 범위 면에서도 차이가 있다. 예를 들어 2015 개정 교육과정을 따르는 중 2학년 과학은 총 여덟 단원으로 구성되어 있다. 1년 동안 총 네 번의 지필평가가 있다면 한 지필평가당 두 단원씩 시험을 보게 되는 것이다. 반면 2022 개정 교육과정인 고등 통합과학은 총 아홉 단원으로 지필평가 시험 범위가 더 넓어진다. 특히나 고등학교는 교과서 이외에도 부교재, 모의고사 문제도 시험 범위에 추가된다. 교과서 텍스트 길이가 길어지고 난도도 높아져 한 번에 공부해야 할 분량이 전체적으로 늘어난다.

이런 현실을 모른 채 상급 학교로 진학한 아이들은 내신 성적의 압박감에 시달리게 되면서 과학을 더욱 어려워하고 싫어할 수밖에 없는 상황으로 내몰린다. 과학 성적이 뚝뚝 떨어지며 오를 가망이 보이지 않으면 결국 최후 선택은 '과학 포기'다.

그러나 과학을 포기하는 건 상위권으로 가는 가장 쉬운 길을 포기하는 것과 같다. 2024년 종로학원이 분석한 전국 중학교 '교과별 학업 성취도'를 보면 과목별 A(90점 이상)와 E(60점 미만) 비율을 알 수 있다.

	국어	수학	영어	과학	사회
A 비율	26.3%	25.4%	30.4%	24.3%	27.7%
E 비율	18%	35.2%	29.6%	29.3%	21.9%

여기서 주목해야 할 점은 A 비율이 가장 낮은 과목이 수학이 아닌 '과학'이라는 점이다. 최근 3년간 고1 전국연합학력평가(이하, 모의고사) 성적을 분석한 결과에서는 과학에서 1등급을 받은 학생 비율이 사회 1등급의 절반에도 미치지 못하는 것으로 나타났다. 이를 통해 과학이 상위권에서 가장 어려워하는 과목이자 상위권 변별에 핵심이 되는 과목이라고 해석할 수 있다.

초·중·고에서 가장 중요한 목표라고 여겨지는 수능에서도 마찬가지다. 기존 수능에서는 사회 아홉 과목, 과학 여덟 과목 중 구분 없이 최대 두 과목을 선택해 응시하는 방식이었다. 하지만 표준점수 확보에 유리한 특정 과목만 선택하는 쏠림 현상이 지속되자 2028학년도 수능부터는 모든 학생이 필수적으로 통합사회, 통합과학을 배우고 수능 시험을 보게 된다. 과학 공부에 대한 필요성과 중요성이 확실히 커진 상황이다.

과학 공부는 건너뛰기가 안 된다

앞서 말했지만 과학은 수학과 마찬가지로 나선형 교육과정에 해당한다. 나선형이란 소라 껍데기처럼 빙빙 비틀려 돌아가는 모양인데, 그 모양처럼 초등학교, 중학교, 고등학교로 올라가면서 기본 개념과 원리를 반복 학습하며(계속성) 양적으로, 질적으로 점차 확장해 나가는(계열성) 교육과정을 의미한다.

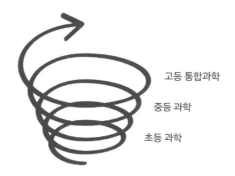

고등 통합과학

중등 과학

초등 과학

나선형 교육과정은 건너뛰기가 안 되는 과목이다. 해서도 안 된다. 학습 결손이 생기면 다음 단계로 넘어가기 어렵다. 그러나 초등부터 기초를 제대로 쌓아 간다면 중학교, 고등학교에서는 남들보다 더 쉽게 익히고, 더 좋은 성적을 거둘 수 있다. 무작정 양을 늘려 가는 학습을 하지 않아도 된다는 말이다. 그렇다면 초등부터 고등까지 과학은 어떻게 공부해 나가야 할까?

집 짓기로 비유하자면 초등 과학은 터를 닦는 시기다. 집을 지을 자리는 땅을 파고, 고르고, 다지고, 돋우는 과정을 거쳐야 만들어진다. 과학을 처음 배우는 초등 시기에는 다양한 과학 현상과 개념에 대해 배우고 익히며 중등 과학, 고등 통합과학의 기초를 다져야 한다. 이를 위해 복습을 철저히 해야 한다. 복습은 배운 것을 다시 익혀 나의 것으로 만드는 과정이다.

초등학생 아이들과 과학 수업 시간에 배운 내용을 함께 복습해 보니,

초등학교에서 일주일 치 학습량이 중학교 한 시간 수업 분량이었다. 학습량이 적기 때문에 상대적으로 공부의 부담이 크지 않아 복습 습관을 형성하기에 최적의 시기다. 달리 말하면, 적은 양이라고 소홀히 생각하면 큰 코 다칠 수도 있다. 복습하지 않고 쌓아 둔 채 넘어가는 일이 한두 학기만 반복되어도 수업 진도를 따라잡지 못하게 된다. 적소성대積小成大라는 사자성어가 있다. 적은 것도 쌓이면 많아진다는 뜻으로, 공부에 있어서는 이만큼 좋은 말이 없다고 생각한다. 성실한 아이는 천재를 이긴다. 내 자녀가 천재, 영재가 아니라면 아이에게 쥐여 줄 수 있는 최고의 무기는 '성실성'이다.

내가 나선형 교육과정인 초·중·고 과학에서 가장 중요하게 생각하는 단계는 중학교. 초등 시기에 놓친 공부를 회복할 수 있는 마지노선이자 통합과학 학습의 주춧돌을 놓는 시기이기 때문이다. 고등 통합과학의 중심이 되는 것은 초등 과정에서 배운 과학 개념에 원리를 더한 중등 과학이다. 초등·중등 과학은 물론 고등 과학의 심화 문제도 기본 개념이 뒷받침되지 않는 건 없다. 따라서 고등 통합과학을 잘하기 위해서는 중학교 3년 동안 교과서 중심으로 공부하는 법을 알아야 한다. 중요한 개념과 원리는 모두 교과서에 있다.

통합과학이
어려울 거라는 선입견

　　　　　　　지난해 '2028학년도 수능 통합과학, 통합사회 필수 과목 도입'이라는 기사를 보고 마음이 들썩이지 않은 학부모는 없을 것이다. 한동안 주변에서 가장 많이 들은 말이 "과학이 과학이지 통합과학은 뭐예요?"라는 질문이었다.

　초등·중등 과학은 운동과 에너지(물리), 물질(화학), 생명(생명과학), 지구와 우주(지구과학), 과학과 사회 총 다섯 영역으로 구성되어 있다. 단원마다 영역별 구분도 명확한데, 예를 들어 초등 5학년 1학기 과학 <지층과 화석> 단원에서는 지층, 화석, 퇴적암 등 지구와 우주(지구과학) 영역에 대해서만 배우게 된다(2022 개정 교육과정 기준). 초등 과학과 연계된 중 2학년 과학 <지권의 변화> 단원 역시 지구와 우주(지구과학) 영역만 다룬다. 따라서 각 단원마다 아이들의 호불호가 있으며, 그 정도에 따라 학습 태도와 성적이 달라지기도 한다.

　통합과학은 영역별 구분보다는 연계성에 집중해 융합적으로 구성되어 있다. 하나의 단원에 운동과 에너지(물리), 물질(화학), 생명(생명과학), 지구와 우주(지구과학), 과학과 사회 등 여러 영역이 합쳐져 있고, 자연 현상을 통합적으로 이해할 수 있는 핵심 아이디어 Big Ideas를 중심으로 교육과정이 이루어진다. 이 통합과학을 현재 고등학교 1학년부터 문·이과 구분 없이 공통적으로 배우게 된다. 만약 아이가 통합과학을 어려워한다면 난도보다는 넓은 범위와 중학교 때 분절적으로 배웠던 영역들의 융합 때문일 가능성이 크다.

통합과학의 기본은 중학교에서 배운 개념이다. 2015 개정 교육과정의 과목 내용만을 놓고 보면 60~70% 정도가 중등 과학과 연계되며 나머지는 물리와 화학의 심화 내용이 주를 이룬다. 그러므로 중등 과학에서 배운 내용들을 확실히 내 것으로 만드는 공부를 해야 하고, 그러기 위해서는 단순 암기가 아닌 이해를 바탕으로 한 암기가 필요하다. 이해가 되어야 영역 간의 연계성을 파악할 수 있다. 또한 중등 과학을 공부하듯이 단원별로 지식을 흡수해서는 절대 안 된다. 핵심 내용을 기억하고 영역을 연결하는 훈련을 해야 한다.

공부는 하루아침에 잘할 수 없고 내신 성적은 정직하다. 제대로 공부한 아이만이 최상위권이 될 수 있다. 많은 교육 유튜브 채널에서 공부 방법 및 전략에 대해 말한다. 하지만 기본이 되어 있지 않은 상태에서는 아무리 효과적인 공부법도 도움이 되지 않는다.

앞으로 이야기할 초·중·고 과학 공부법은 핵심 중의 핵심이라고 말할 수 있다. 여느 아이든 할 수 있으며, 초·중·고 과학 내신의 상위권에 오를 수 있는 방법이다. 올바른 방법은 언제, 어디서든 통한다. 이 방법을 다른 과목으로 확대 적용한다면 다른 과목들 또한 좋은 성적을 거둘 수 있을 것이다. 내신 따로, 수능 따로 공부하며 고생은 고생대로 하고 초라한 성적표를 받는 일도 없을 것이다.

그동안 잘못된 공부법에 따른 부작용을 없애고 최고의 효율적인 학습을 하는 데 이 책이 도움이 되었으면 한다. 초등·중등 과학은 물론 앞으로 다가올 통합과학이라는 변화의 파도를 잘 넘을 수 있도록 중학교 과학 교사로 십수 년간 쌓아 온 경험과 노하우를 아낌없이 전하겠다.

PART1

초등 편:

통합과학 빌드업

부모가 주어야 하는
첫 번째 도움

5~6년 전 과학 수업 시간에 있었던 일이다. 중 2학년 과학 <물질의 구성> 단원에서 원소, 원자, 분자의 개념을 가르치고 있었는데, 수업 내용이 이해되지 않는지 연신 얼굴을 찌푸리던 한 학생이 손을 번쩍 들고 질문했다.

"선생님. 눈에 보이지도 않는 원소, 원자, 분자 같은 것을 우리가 왜 배워야 해요?"

공부하는 아이라면 누구나 한 번은 그 이유와 목적에 의문을 품게 된다. '이걸 내가 왜 공부해야 하지?' 그러나 아이들의 의문에 제대로 답해주지 못하거나 그럴 필요를 느끼지 못하는 교사와 부모가 많다. 나 역시 질문을 받았던 당시 십 년 넘게 아이들을 가르치고 있었지만 주어진 교육과정에 따라 수업할 뿐, 아이들에게 왜 과학을 배우는지, 어디에 쓸 수 있는지 과학 공부의 본질적인 부분을 알려 줘야 한다고 딱히 생각한 적은 없었다.

중학교 과학 교사인 나 역시 아이들을 가르치기 위해 끊임없이 공부를 한다. 내 전공이 아닌 단원을 가르칠 때는 더 많이 공부한다. 그런데 여러 과목을 배우며 내신과 수능을 준비하는 아이들은 어떨까? 어렵고 힘들다. 일상에서 흔히 공부, 학습, 배움이란 단어들을 접하기에 그렇게 느끼지 못할 수도 있지만, 아이들이 공부하는 현장에서 체감하는 어려움은 실로 크다. 그렇기에 아이들이 조금 더 열린 마음으로 과학 공부를 향한 발걸음을 뗄 수 있도록, 뚜렷한 목표와 자신감으로 과학 공부에 집중할 수 있도록, 과학 공부의 본질부터 짚고 넘어가려고 한다.

"과학 교과에서는 모든 학생이 **과학의 기본 개념을 익히고**, **과학 탐구 능력과 태도를 길러**, 자연과 일상생활에서 접하는 현상을 과학적으로 이해하고, 민주 시민으로서 **개인과 사회 문제를 과학적으로 해결하고 참여·실천하는 역량 함양**에 중점을 둔다."

2022 개정 교육과정을 보면 과학을 배우는 목적을 이와 같이 설명한다. 쉽게 말해, 과학 개념과 용어를 알고 이해하는 것에서 더 나아가 과학적 사고와 문제해결력을 기른다는 것이다.

미취학 시절 호기심 어린 시선으로 주변을 관찰하는 아이들은 끊임

없이 질문하고 궁금증을 해결해 나간다. 산책하러 나온 아이가 무언가를 골똘히 관찰하는 모습을 본 적 있을 것이다. 지나가는 개미 떼, 놀이터에서 뒹구는 작은 돌, 비 온 후 땅 밖으로 나와 꿈틀거리는 지렁이, 주변에 핀 꽃과 나무에 시선을 두는 순간 아이는 과학적 탐구를 시작한 것이다.

과학적 탐구란 거창한 게 아니다. 주변을 관찰하던 아이는 자신이 알고 있는 것으로 설명할 수 없는 현상에 부딪히면 '왜 그렇지?'라는 궁금증을 갖게 된다. 궁금증을 해결하기 위해서 관찰을 넘어 현상에 대한 조사나 실험을 시도하기도 한다. 이것이 바로 과학적 탐구다. 이렇듯 자발적 탐구 과정을 통해 아이에게 과학적 사고력이 저절로 자라게 된다. 부모가 유도하지 않아도, 강요하지 않아도 말이다.

하지만 과학 개념은 다르다. 개념이란 쉽게 말해 일반적인 지식이다. 일반적이니 당연히 알아야 하는 것이고, 지식이니 배워야만 알 수 있는 것이다. 우리는 어떤 일을 하기 위해서 그에 필요한 지식을 반드시 습득해야만 한다. 그리고 가장 기본적이고 필요한 지식을 학습에서는 '배경지식'이라고 한다. 이 배경지식은 학교에서 배우고 채울 수 있지만 가정에서도 부모가 아이의 지식 창고가 잘 만들어지고 확장될 수 있도록 도와줘야 한다.

과학 배경지식을 쌓는
두 가지 방법

✦ 재미를 바탕으로 배경지식 쌓기

아이의 흥미와 관심사부터 접근해 점점 확장해 나가는 방법이다. 예를 들어 아이가 곤충을 좋아한다면 곤충 관련 과학 그림책을 함께 읽거나 유튜브 영상을 함께 보고, 근처 공원에서 좋아하는 곤충을 관찰한다. 실행하기 쉬운 만큼 미취학, 초등 저학년 아이에게도 적합하다.

과학 실험을 좋아하는 아이의 경우에는 방과 후 수업으로 '과학 실험반'을 신청해 듣는 것도 배경지식 쌓기에 도움이 된다. 초등학생들의 눈높이와 관심에 맞춘 프로그램으로 과학에 대한 호기심을 키울 수 있을 뿐 아니라, 체험 위주의 실험과 탐구 활동을 통해 지속적으로 과학에 흥미를 느낄 수 있기 때문이다.

학교에서 배운 내용을 실생활과 연계해 경험하는 활동도 배경지식을 쌓는 데 효과적이다. 큰아이가 초등 4학년 때 일이다. 무더위에 땀을 뻘뻘 흘리며 하교한 아이의 손에 탄산음료 한 병이 들려 있었다. 평소 용돈을 쓰지 않고 모아 두는 짠돌이가 웬일인가 했더니 가방에서 과학 교과서를 꺼내 실험 준비를 하는 게 아닌가! 동생까지 불러 옆에 앉히고는 교과서를 보며 탄산음료와 얼음, 소금으로 슬러시를 만들더니 동생과 신나게 먹었다. 초등 4학년 과학 <물의 상태변화> 단원에 나오는 실험을 따라 한 것이다.

이처럼 교과서에 나오는 실험을 아이가 궁금해한다면 부모가 적극적으로 기회를 마련해 주는 게 좋다. 아이의 호기심에서 비롯된 활동은 그 과정이 어떠하든 좋은 결과를 불러일으키기 때문이다. 과학이 우리 생활과 밀접하게 연계되어 있다는 사실만 알아도 과학에 대한 흥미는 더 높아질 것이다. 실생활과 연계된 과학은 특히 주방에 많이 있다. 부모와 함께 요리하는 것도 과학에 가까워질 수 있는 방법이다.

✦ 경험을 통해 배경지식 쌓기

경험으로 배경지식을 쌓는 방법은 직접 경험과 간접 경험으로 나눌 수 있다. 직접 경험은 아이와 함께 과학관, 박물관, 교육청 산하 과학교육원 등 전문 기관을 방문하는 것이다. 주변을 둘러보면 무료로 이용할 수 있는 좋은 경험의 장이 많다. 초등학생 때는 보고 느끼고 체험하는 시기로 삼아야 한다. 다양한 경험을 하며 자신이 좋아하는 것, 잘하는 것, 약한 부분이 무엇인지 파악하는 '자기 이해'가 이루어진다. 다양한 체험이 쌓이면 아이 스스로 좋아하고 잘하는 부분을 자연스럽게 더 파고들게 되어 있다. 우주를 좋아하는 아이, 역사를 좋아하는 아이, 그림 그리기를 좋아하는 아이 등등 아이의 흥미와 적성이 드러난다. 의미 있는 질적 확장이 일어나게 되는 것이다. 부모는 자녀의 덕질과 관심 분야를 잘 관찰했다 적절한 시기에 아이가 더 깊게 파고들 수 있도록 도와줘야 한다. 추후 아이가 중·고등학교를 진학할 때 진로에 활용할 수도 있다.

단 아이들이 어릴 때는 우선 체험하고 보여 주는 데 초점을 두되, 초등 중·고학년 때는 체험 횟수보다 깊이를 더하는 게 좋다. 예를 들어 과학관에 방문한다면 어떤 목적으로 가는지, 무엇을 보고 싶은지, 어떤 체험을 원하는지 등 경험의 필요성과 목적을 아이 스스로 생각하며 의미를 부여하는 것이다. '천체관에서 달의 위상변화 현상을 자세히 관찰할 거야', '얼마 전에 책을 읽고 인류가 어떻게 발전해 왔는지 자세히 알고 싶어졌어' 등 관심 있어 하는 주제를 깊이 있게 이해하는 체험으로 전환해 줘야 한다.

간접 경험을 통한 방법은 초등 저학년 시기에 읽었던 그림책이나 학습 만화책을 비롯해 과학 책, 잡지 그리고 신문이나 뉴스에서 과학 지식을 흡수하는 것이다. 간접적이라고 해서 배경지식을 가볍게 쌓는 게 아니다. 깊이 있는 과학 지식과 최신 과학 트렌드 등을 보며 관심 있는 주제나 분야에 몰두할 수 있는 기회를 얻을 수 있다.

아이가 무엇을 배우는지
부모가 알아야 한다

아이가 초등 5학년 무렵, 과학 수업에서 '태양계와 별'을 배우고 있었다. 해당 단원이 중 1학년 과학 <태양계> 단원으로 이어지기에 아이의 배경지식을 확장해 줄 만한 거리를 찾고 있었다. 마침 신문에서 '21년 만에 가장 강력한 태양 폭풍이 지구에 불어닥치며 지구

곳곳에서 형형색색의 오로라가 관측되었다'는 기사를 접했다.

태양 활동이 강력할 때 태양 에너지 입자들은 태양풍을 타고 지구에 방출된다. 방출된 태양 에너지 입자들은 북극으로 모여 대기권과 충돌하고, 그때 대기가 들뜨면서 산소 원자들이 가라앉으면 빛이 발생하는데 그 현상을 오로라라고 한다. 대체로 오로라는 위도가 북위 60도 이상의 극지방 주변에서나 볼 수 있지만, 태양 흑점이 여러 차례 폭발하며 강력한 태양 폭풍이 일어났고, 우리나라보다 밤이 먼저 찾아오는 미국과 위도가 비슷한 강원도 화천에서 오로라를 관측할 수 있게 된 것이다. 태양의 표면과 대기에서 일어나는 현상에 대한 배경지식을 쌓기 좋은 기회였다. 바로 아이와 함께 관련 뉴스와 관측 사진을 찾아봤다.

과학 배경지식을 확장할 기회를 놓치지 않기 위해서는 부모가 아이의 과학 교육과정에 대해 알고 있어야 한다. 하지만 가르치는 일을 업으로 삼고 있지 않은 이상은 쉽지 않은 일이다. 더구나 2022 개정 교육과정과 2015 개정 교육과정의 혼재로 혼란스러운 지금은 더더욱 그럴 것이다.

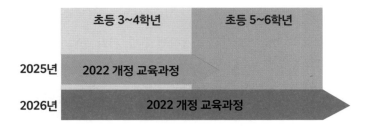

[2015 개정 교육과정]

학년	3학년	4학년	5학년	6학년
1학기	물질의 성질[b] 동물의 한살이[c] 자석의 이용[a] 지구의 모습[d]	지층과 화석[d] 식물의 한살이[c] 물체의 무게[a] 혼합물의 분리[b]	온도와 열[b] 태양계와 별[d] 용해와 용액[b] 다양한 생물과 우리 생활[c]	지구와 달의 운동[d] 여러 가지 기체[b] 식물의 구조와 기능[c] 빛과 렌즈[a]
2학기	동물의 생활[c] 지표의 변화[d] 물질의 상태[b] 소리의 성질[a]	식물의 생활[c] 물의 상태변화[b] 그림자와 거울[a] 화산과 지진[d] 물의 여행[b]	생물과 환경[c] 날씨와 우리 생활[d] 물체의 운동[a] 산과 염기[b]	전기의 이용[a] 계절의 변화[d] 연소의 소화[b] 우리 몸의 구조와 기능[c] 에너지와 생활[a]

[2022 개정 교육과정]

학년	3학년	4학년	5학년	6학년
1학기	힘과 우리 생활[a] 동물의 생활[c] 식물의 생활[c] 생물의 한살이[c]	자석의 이용[a] 물의 상태변화[b] 땅의 변화[d] 다양한 생물과 우리 생활[e]	지층과 화석[d] 빛의 성질[a] 용해와 용액[b] 우리 몸의 구조와 기능[c]	산과 염기[b] 물체의 운동[a] 식물의 구조와 기능[c] 지구의 운동[d]
2학기	물체와 물질[b] 지구와 바다[d] 소리의 성질[a] 감염병과 건강한 생활[e]	밤하늘 관찰[d] 생물과 환경[c] 여러 가지 기체[b] 기후변화와 우리 생활[e]	혼합물의 분리[b] 날씨와 우리 생활[d] 열과 우리 생활[a] 자원과 에너지[e]	계절의 변화[d] 물질의 연소[b] 전기의 이용[a] 과학과 나의 진로[e]

※ a: 운동과 에너지, b: 물질, c: 생명, d: 지구와 우주, e: 과학과 사회

2022 개정 교육과정은 2024년부터 2027년까지 연차적으로 적용된다. 2025학년도에는 초등 1~4학년과 중 1학년까지 적용, 2026학년도에는 초등 전 학년과 중 2학년, 고등 2학년까지 적용, 2027년도에는 초·중·고 전 학년에 적용된다. 2025학년도에 초등 4학년 아이들은 지난해까지는 2015 개정 교육과정으로 배웠지만 4학년이 되어서는 2022

개정 교육과정에 따라 과학을 배우게 된다. 2025학년도에 초등 5학년 아이들은 2015 개정 교육과정으로, 6학년이 되는 2026학년도부터는 2022 개정 교육과정으로 과학을 배운다. 교육과정이 바뀌는 시기에 걸쳐 있는 두 학년의 아이들은 안타깝게도 그 과정에서 배우지 못하는 단원이 발생하게 되었다. 초등 과학의 내용과 수준이 중등 과학에 비해 쉽다고 해도 중간에 결손이 생긴다면 이후 공부에 당연히 영향이 미칠 수밖에 없다. 그러니 배우지 못하고 넘어가는 단원은 최소한 교과 연계 도서라도 가정에서 읽혔으면 한다(86쪽 참조).

2025학년도 초등 4학년이 배우지 못하는 단원
· <식물의 한 살이> 3학년으로 이동
· <물체의 무게> 3학년으로 이동
· <물의 여행> 삭제

2026학년도 초등 6학년이 배우지 못하는 단원
· <여러 가지 기체> 4학년으로 이동
· <빛과 렌즈> 5학년으로 이동
· <우리 몸의 구조와 기능> 5학년으로 이동
· <에너지와 생활> 5학년으로 이동

과학 배경지식을 쌓을 때
부모의 고민

✦ 아이가 책보다 잡지나 만화를 좋아하는 게 걱정된다면

이런 고민을 할 때 가장 헷갈리는 게 잡지다. 과학 잡지에는 과학, 환경, 정보 통신 등의 다양한 기사가 실려 있다. 물론 기사 외에 만화도 많이 실려 있어, 과학 만화와 함께 과학 잡지를 달갑지 않게 생각하는 분도 종종 있다. 그런데 부모인 우리가 잡지를 볼 때 어떻게 보는지 떠올려 보자. 나는 미용실에서 대기시간이 길어질 때면 잡지를 펼쳐 보는데, 후루룩 넘기다가 눈에 들어오는 기사가 있으면 한참 머물러 읽고 다시 넘긴다. 아이들이 읽는 과학 잡지도 마찬가지 관점으로 바라보면 어떨까. 부모 마음에는 첫 장부터 마지막 장까지 집중해 정독하기를 바라겠지만, 그건 지나친 욕심이다. 아이가 잡지를 넘기다가 하나의 기사에 마음을 빼앗겨 몰입하고 다른 관심 있는 주제와 영역들로 확장하고 연결한다면, 아이의 마음을 움직인 그 잡지 기사는 학습의 마중물인 것이다.

✦ 흥미 위주의 영상이 학습에 도움이 될지 의문이라면

초등 자녀가 흥미 위주의 영상만 보는 게 걱정된다면 EBS1에서 방영하는 <취미는 과학>을 추천한다. 진화 생물학자, 과학 커뮤니케이터가 함께 양자역학, 프랙털, 엔트로피, 진화, 인공지능 등 다양한 주제에 대해 깊이 있게 토론하는데 재미 또한 빠지지 않는다. 'EBS 초등사이트

(primary.ebs.co.kr)'를 활용하는 것도 좋은 방법이다. EBS 초등사이트에서 회원 가입 후 '창의체험'으로 들어가면 다양하고 유익한 과학 프로그램을 볼 수 있다.

과학땡Q	초등 3, 4학년 과학 교과서 속 관찰과 실험 관련 영상을 볼 수 있다. 설명도 같이 해 주기 때문에 과목과 연계한 배경지식을 쌓을 수 있다.
과학할 고양	일상적인 소재에 대한 호기심에서 출발해 면밀한 관찰과 간단한 실험으로 과학의 원리를 알아 갈 수 있다.
과학탐정단, 시드	관찰, 분류, 측정, 예상, 추리, 의사소통 여섯 가지 과학 탐구 기능으로 사건을 해결한다. 그 과정을 통해 과학을 재미있게 배울 수 있다.
사이틴	다양한 과학 현상을 쉽고 재미있게 풀어 낸 콘텐츠다. 과학이 어렵다고 생각하는 아이들에게 추천한다.
백만이의 지구뉴스	'사이틴' 시즌2다. 10대들을 위한 흥미진진한 과학 이야기다. 클립 영상이 수업 시간에 학습 동기부여 목적으로 활용될 만큼 아이들이 좋아한다.
지구인 자격평가	지구, 지구 생물에 대한 퀴즈가 세 개씩 나온다. 관련 학습 후 확인용 문제로 풀어 보면 좋다.
달그락 달그락 교과서 실험실	초등 5, 6학년 과학 교과서에 있는 실험과 원리를 공부할 수 있다.
왔다! 사춘기	창피해서 말하지 못하고, 혼날까 봐 물어보지 못한 사춘기 고민들을 상담해 준다. 초등·중등 과학 생명(생명과학) 영역에서 다루는 내용이 많다.

✦ 직접 경험을 어디서 해야 할지 모르겠다면

'전국과학관길라잡이(smart.science.go.kr)'를 이용하자. 전국의 각 과학관, 과학교육원, 천문대에서 진행하는 행사, 전시, 무료 교육 프로그램 등의 정보를 바로 확인할 수 있다. 지역별, 주제별로 과학관을 쉽게 찾을 수 있고, 해외 과학관 정보도 볼 수 있어 매우 유용하다. 아이와 함께 도란도란 대화를 나누며 체험 일정을 함께 짜 보자. 부모가 짠 계획에 이

끌려 다닌 경험보다 함께 계획한 경험이 아이의 기억에 더 오래 남을 것이다.

과학 언어로
공부 주파수를 맞춰라

아침 일찍 출근길처럼 익숙한 길을 운전할 때 졸음을 쫓기 위해 라디오를 켜는 사람들이 있다. 좋아하는 라디오 DJ의 이야기에 맞장구를 치고, 라디오에서 나오는 노래를 따라 흥얼거리다 보면 어느새 정신이 들기 때문이다. 나 역시 학교를 오갈 때는 라디오 방송을 듣는다. 그런데 간혹 전파가 방해받거나 주파수를 잘못 설정해 도통 알아들을 수 없는 지지직 소음만 듣게 될 때가 있다. 이런 일이 지속적으로 발생한다면 어떻게 될까? 처음에는 당황스러워 주파수를 맞춰 보기 위해 노력하겠지만 시간이 길어질수록 짜증과 답답함을 느껴 라디오를 꺼 버릴 것이다. 실제로 이와 비슷한 일이 아이들의 공부에서 비일비재하게 일어난다.

흔히 언어를 의사소통의 도구라고 생각하지만, 공부에 있어서는 '학습을 위한 도구'로 사용된다. 아이가 언어를 알아야 그 언어를 사용해 수업 시간에 교사와 소통하고, 배우는 내용을 이해할 수 있기 때문이다. 그만큼 공부하는 데 있어 과목 언어를 알고 이해하는 것은 매우 중요하다. 하지만 요즘 아이들의 어휘력은 사회 문제로 등장할 만큼 취약하다. 교과서에 나오는 언어조차 이해하지 못하는 아이가 많다. 그런데 그 비율이 유독 높은 과목이 바로 과학이다.

과학은 일상어와 과목 언어의 의미와 쓰임이 다른 경우가 많다. 예를 들어 '일'이라는 단어는 사전적으로 '무엇을 이루거나 적절한 대가를 받기 위해 어떤 장소에서 일정한 시간 동안 몸을 움직이거나 머리를 쓰는 활동. 또는 그 활동의 대상'이라고 정의한다. 일상에서는 "오늘 할 일이 산더미처럼 쌓였어" "일을 많이 했더니 힘들어"와 같은 의미로 쓰인다. 그렇지만 과학에서는 '어떤 물체에 힘이 작용해 물체가 힘의 방향으로 이동할 때 일을 한다'고 정의하고 있다.

A라는 사람이 10톤짜리 물체를 이동시키기 위해 10분 동안 힘껏 밀었다고 하자. 물체는 움직이지 않았지만 온몸에 땀이 흐르고 무척 힘들어 엄청난 일을 했다는 생각이 들 것이다. 하지만 과학적으로 볼 때 물체는 움직이지 않았고 힘의 방향으로 이동한 거리가 0이므로 A는 일을 하지 않은 것이다.

과학 시간에 일상에서 자주 사용하던 단어가 나오면 대다수의 아이는 잘 안다고 생각해 무심코 넘어간다. 하지만 실제로 과학 공부에 필요한 '과학적 의미'는 정확히 이해하지 못한 것이다. 이러한 언어 결손이 누적되면 학년이나 학교급(교육 내용과 목적에 따라 초등학교, 중학교, 고등학교, 대학교로 나눈 학교 등급)이 바뀌어 과학 개념이나 원리를 확장해 배울 때 제대로 이해하지 못한다. 더불어 오랜 시간에 걸쳐 잘못 형성된 개념은 쉽게 바뀌지 않고, 학습 성취도에 부정적인 영향을 미치게 된다.

과학을 배우는 것은
과학 언어를 배우는 것

　　　　　　모두가 아는 사실이지만 과학 시간에는 과학 언어를 사용한다. 탐구를 통해 밝혀낸 과학적 개념이 압축된 언어를 말이다. 압축되어 있다는 건 많은 의미를 함축하고 있다는 뜻이기도 하다. 그래서 과학 언어는 수학과 마찬가지로 시간이 걸리더라도 개념을 정확하게 이해해야 한다. (과학의 관점에서 보면 언어보다는 더 넓은 의미로 '용어'라고 해야 하지만 현장 교육 특성상, 부모와 아이의 더 쉬운 이해를 위해, 이 책에서는 '개념어'로 지칭하겠다.)

　그렇다면 초·중·고 과학 시간에 아이들은 얼마나 많은 과학 개념어를 접할까? 한 연구 논문에 따르면 과학 교과서와 과학 수업에서 평균 6초마다 하나씩 새로운 개념어가 사용된다고 한다. 중요 개념을 설명하기 위해서는 더 많은 과학 개념어가 등장한다.[2]

"**기체인 수증기가 액체인 물로 상태가 변하는** 현상을 응결이라고 합니다."

초등 4학년 과학 교과서에서 나오는 수증기 응결에 관한 설명이다. 아이가 수증기의 응결을 이해하기 위해서는 3학년 때 배운 '기체, 수증기, 액체, 물, 상태변화'의 개념을 정확히 알고 있어야 한다.

학급당 적게는 20명, 많게는 30명이나 되는 아이들의 눈높이에 모두 맞춰 교사가 과학 개념을 풀이해 가며 수업하는 일은 현실적으로 불가능하다. 아이마다 어휘력, 이해력, 성취력이 다르기 때문이다.

따라서 아이가 과학을 잘하기 위해서는 무엇보다 과학 개념어에 친숙해져야 한다. 더욱이 학년이 올라갈수록 개념은 정교해지므로 고등 통합과학까지 내다보면 과학 개념어의 주파수를 초등학교 때부터 맞춰야 할 필요가 있다.

다음은 초등학교와 중학교 과학 교과서에서 일부 발췌한 내용이다.

물에 여러 가지 물질을 넣어 보면 어떤 물질은 잘 녹지만, 어떤 물질은 잘 녹지 않습니다. **어떤 물질이 다른 물질에 녹아 고르게 섞이는 현상을 용해**라고 합니다. 이때 **설탕과 소금처럼 다른 물질에 녹는 물질을 용질**이라고 하고, **물처럼 다른 물질을 녹이는 물질을 용매**라고 합니다. 또, **설탕물처럼 두 가지 이상의 물질이 고르게 섞여 있는 것을 용액**이라고 합니다.

_ 이상원 외, <초등 과학5-1 교과서, 79쪽, 2015 개정 교육과정>, 천재교과서

두 과학 교과서의 차이가 바로 보일 것이다. 초등 과학 교과서에는 용해, 용질, 용매는 물론 용액의 뜻까지 자세히 설명해 준다. 하지만 중등 과학 교과서에는 별다른 설명 없이 단 한 문장에 과학 개념어가 5개나 등장한다. 중학교에서는 초등학교 때 선수 학습으로 모두 다 배웠다는 전제하에 수업을 진행하기 때문이다.

과학 개념어의 특징은 '한자어'다

그렇다면 과학 개념어는 어떻게 공부해야 할까? 먼저 이 질문부터 살펴보자. 우리말에서 한자어의 비율이 얼마나 될까? 국립국어원 우리말샘 통계에 따르면, 우리말 중 한자어의 비율은 47% 정도라고 한다. 일상생활에서 한자어가 쓰이는 정도가 절반 가까이 되는 것이다.

과학 교과서에 수록된 과학 개념어 역시 한자어의 비중이 크다. 「과학 한자 용어 학습 방법 연구」 논문에 따르면, 과학 교과서의 한자어의 비중이 초등학교는 약 55%, 중학교는 72%, 고등학교 1학년은 약 67%라고 한다. 아이들이 일상에서 자주 사용하지 않는 한자어가 많아 처음 접했을 때 생소하게 느끼고, 과목에 대한 흥미를 떨어뜨리는 요인이 되기도 한다.[3] 이 말은 바꿔 말하면, 알고 있는 한자어가 많을수록 과학 개념어에 대한 정확한 뜻풀이는 물론, 과학을 공부할 때 그만큼 수월하다는 의미다. 실제로 아이들이 낯설게 느끼고 모르는 대부분의 과학 개념어는 한자어다. 따라서 아이가 한자어를 많이 알수록 교과서의 문맥을 쉽게 파악할 수 있으며, 문제를 풀 때 필요한 추론력, 어휘력이 높아진다. 서울대 나민애 교수도 저서 『국어 잘하는 아이가 이깁니다』에서 한자 하나를 정확히 알면, 그와 관련된 다른 어휘로 빠르게 확장해갈 수 있다고 말한다.[4]

앞에서 언급한 예를 다시 살펴보자. 초등 5학년 <용해와 용액> 단원에 나오는 과학 개념어에는 모두 '녹다'라는 뜻의 한자 용溶이 쓰인다. 용을 안다면 <용해와 용액> 단원의 과학 개념어를 습득하기 쉬울 것이며, 중학교에서 이어지는 후속 학습도 수월할 것이다. 만약 곧바로 한자가 기억나지 않는다 해도, 복습을 해 온 아이라면 교사의 설명에 '나 이거 알아. 초등학교 때 배웠던 거야. 여기서 '용'은 녹는다는 뜻이었어' 하며 기억을 되살릴 수 있을 것이다.

그렇다고 무작정 한자 공부에 뛰어들지는 말자. 과학을 잘하기 위해 한자의 정확한 획과 부수까지 배우고 외우라는 게 아니다. 한자의 음과 뜻만 알아도 충분하다. 그리고 모든 한자를 공부할 필요도 없다. 과학

교과서에 등장하는 한자어, 즉 핵심 개념어 위주로만 알아도 과학이 훨씬 쉬워질 것이다.

초등 과학
학년별 핵심 개념어

✦ 3학년 과학 개념어

무게	지구가 물체를 당기는 힘의 크기
동물의 한살이	동물이 태어나고 자라서 자손을 남기는 과정
식물의 한살이	씨가 싹 터서 자라 꽃이 피고 열매를 맺어 다시 씨가 만들어지는 과정
물체	연필, 컵 등과 같이 모양이 있고 공간을 차지하는 것
물질	나무, 철, 유리, 플라스틱처럼 물체를 만드는 재료
기체	담는 용기에 따라 모양이 변하고 담긴 용기를 항상 가득 채우는 성질이 있는 물질의 상태
액체	담는 용기에 따라 모양은 변하지만 부피는 변하지 않는 성질이 있는 물질의 상태
고체	담는 용기가 달라져도 모양과 부피가 변하지 않는 성질이 있는 물질의 상태
밀물	바닷물이 육지 쪽으로 밀려들어 바닷물의 높이가 높아지는 것
썰물	바닷물이 바다 쪽으로 빠져나가 바닷물의 높이가 낮아지는 것
소리의 세기	소리의 크고 작은 정도
소리의 높낮이	소리의 높고 낮은 정도
감염병	세균이나 바이러스 등이 우리 몸에 들어와서 걸리는 질병

✦ 4학년 과학 개념어

자석의 극	자석에서 철로 된 물체를 당기는 힘이 가장 큰 부분으로 N극과 S극이 있다
물질의 상태변화	고체 상태의 얼음, 액체 상태의 물, 기체 상태의 수증기처럼 물질 자체는 변하지 않고 서로 다른 상태로 변하는 것

증발	물 표면에서 액체인 물이 기체인 수증기로 변하는 현상
끓음	물을 가열했을 때 물 표면과 물속에서 액체인 물이 기체인 수증기로 변하는 현상
응결	기체인 수증기가 액체인 물로 상태가 변하는 현상
침식작용	지표의 바위나 돌, 흙 등이 빗물이나 냇물, 바람 등에 의해 깎여 나가는 현상
운반작용	흐르는 물이나 바람 등에 의해 돌, 모래, 흙 등을 다른 곳으로 옮기는 현상
퇴적작용	물이나 바람, 빙하 등에 의해 운반되어 간 알갱이들이 쌓이는 것
화산	마그마가 분출하여 만들어진 지형
화성암	마그마가 굳어져 만들어진 암석
지진	지층이 지구 내부에서 생기는 커다란 힘을 오랫동안 받아 끊어지면서 흔들리는 현상
균류	버섯, 곰팡이와 같이 실처럼 가늘고 긴 균사로 이루어진 생물
원생생물	보통 1개의 핵을 가진 단세포생물로서 가장 원시적인 생물. 대표적인 원생생물로는 해캄, 짚신벌레, 유글레나가 있다
세균	생물체 가운데 가장 작고 하나의 세포로 이루어져 있으며, 동물이나 식물보다 단순한 구조의 생물
달의 모양 변화	달의 모양은 약 30일을 주기로 초승달, 상현달, 보름달, 하현달, 그믐달 순서로 변한다
태양계	태양과 태양의 영향을 받는 천체들과 그 공간
태양	스스로 빛을 내는 천체
행성	태양 주위를 도는 천체. 수성, 금성, 지구, 화성, 목성, 토성, 천왕성, 해왕성이 있다
위성	행성의 주위를 도는 천체. 달은 지구의 위성이다
별	태양처럼 스스로 빛을 내는 천체
별자리	별의 무리를 연결해 이름 붙인 것
생물 요소	지구 상에 사는 모든 생물
비생물 요소	햇빛, 공기, 물, 흙 등 생물에 필요한 환경 요인
생태계	어떤 곳에서 서로 영향을 주고받는 모든 생물 요소와 비생물 요소를 통틀어 생태계라고 한다
생산자	살아가는 데 필요한 양분을 스스로 만든다
소비자	다른 생물을 먹어서 양분을 얻으며 살아간다
분해자	죽은 생물을 분해하고 그 과정에서 양분을 얻으며 살아간다
먹이사슬	생태계에서 생물 요소 사이의 먹고 먹히는 관계를 사슬처럼 연결한 것
먹이그물	생태계에서 여러 개의 먹이사슬이 그물처럼 얽혀 있는 것

기후	어떤 지역에서 오랜 기간에 걸쳐 나타나는 평균적인 날씨
기후변화	오랜 시간에 걸쳐서 서서히 기후가 변하는 것

✦ 5학년 과학 개념어

지층	자갈, 모래, 진흙 등으로 이루어진 암석들이 층을 이루고 있는 것
퇴적물	주로 물이나 바람, 빙하에 의해 운반된 자갈, 모래, 진흙 등
퇴적암	퇴적물이 굳어져 만들어진 암석
화석	퇴적암 속에 남아 있는 옛날에 살았던 생물의 몸체와 생물이 생활한 흔적
빛의 직진	빛이 곧게 나아가는 성질
빛의 반사	직진하던 빛이 물체에 부딪칠 때 진행 방향이 바뀌어 나아가는 현상
빛의 굴절	빛이 곧게 나아가다가 다른 물질을 만나 꺾이는 것
용해	어떤 물질이 다른 물질에 녹아 골고루 섞이는 현상
용액	소금물이나 설탕물처럼 녹는 물질이 녹이는 물질에 골고루 섞여 있는 물질
용질	녹는 물질(예: 소금, 설탕 등)
용매	녹이는 물질(예: 물과 알코올 등)
용액의 진하기	같은 양의 용매에 용해된 용질의 많고 적은 정도
기관	우리가 살아가는 데 필요한 일을 하는 몸속 부분
운동기관	동물이 움직이기 위하여 쓰는 몸의 기관. 뼈와 근육
소화기관	음식물의 소화에 관여하는 몸속 기관. 입, 식도, 위, 소장, 대장, 항문 등이 있다
호흡기관	숨을 들이마시고 내쉬는 호흡에 관여하는 기관. 코, 기관, 기관지, 폐 등이 있다
순환기관	혈액의 이동에 관여하는 기관. 심장, 혈관 등이 있다
배설기관	혈액에 있는 노폐물을 몸 밖으로 내보내는 배설에 관여하는 기관. 콩팥, 방광 등이 있다
혼합물	두 가지 이상의 물질이 성질이 변하지 않은 채 섞여 있는 것
습도	공기 중에 수증기가 포함된 정도
응결	공기 중 수증기가 물방울로 변하는 현상
이슬	밤에 차가워진 나뭇가지나 풀잎 표면 등에 수증기가 응결해 물방울로 맺히는 것
안개	밤에 지표면 근처의 공기가 차가워지면 공기 중 수증기가 응결해 작은 물방울로 떠 있는 것

구름	공기 중 수증기가 응결해 물방울이 되거나 얼음 알갱이 상태로 변해 하늘에 떠 있는 것
비	구름 속 작은 물방울이 합쳐지면서 무거워져 떨어지거나, 크기가 커진 얼음 알갱이가 무거워져 떨어지면서 녹은 것
기압	공기의 무게로 생기는 누르는 힘
고기압	기압이 주위보다 높은 곳
저기압	기압이 주위보다 낮은 곳
바람	두 지점 사이에 기압 차가 생겨 고기압에서 저기압으로 공기가 이동하는 것
해풍	낮 동안 바다에서 육지로 부는 바람
육풍	밤 동안 육지에서 바다로 부는 바람
온도	물질의 차갑거나 따뜻한 정도
전도	고체에서 온도가 높은 곳에서 낮은 곳으로 열이 이동하는 현상
단열	두 물질 사이에서 열의 이동을 줄이는 것
대류	액체나 기체에서 열이 이동하는 방식으로 온도가 높아진 물질이 위로 올라가고 위에 있던 물질이 아래로 밀려 내려오는 과정

✦ 6학년 과학 개념어

지시약	용액의 화학 성질을 알아내기 위해 사용하는 물질, 어떤 물질을 만났을 때 그 물질의 성질에 따라 눈에 띄는 변화가 나타나는 물질
산성 용액	푸른색 리트머스 종이가 붉은색으로 변하고, 페놀프탈레인 용액의 색깔이 변하지 않는 용액(예: 식초, 레몬즙, 사이다, 묽은염산 등)
염기성 용액 알칼리성 용액	붉은색 리트머스 종이가 푸른색으로 변하고, 페놀프탈레인 용액의 색깔이 붉은색으로 변하는 용액(예: 유리 세정제, 비눗물, 석회수, 묽은수산화나트륨 용액 등)
속력	단위 시간 동안 물체가 이동한 거리. 속력 = 이동 거리 ÷ 걸린 시간
세포	생물의 몸을 이루는 가장 기본적인 단위
세포막	세포와 세포 외부의 경계를 짓는 막으로 세포 내의 물질들을 보호하고 세포 간 물질 이동을 조절한다
세포벽	세포를 외부로부터 보호하고 세포의 모양을 유지하도록 하는 벽
핵	세포의 모든 활동을 조절하는 세포 내 기관. 유전물질인 DNA가 들어 있고, 세균이나 남조류를 제외한 대부분의 세포에 있다
광합성	식물이 빛과 이산화 탄소, 물을 이용하여 스스로 양분을 만드는 것
증산작용	잎에 도달한 물이 기공을 통해 식물 밖으로 빠져나가는 것
꽃가루받이(수분)	수술에서 만든 꽃가루가 암술머리로 옮겨지는 것

지구의 자전	지구가 자전축을 중심으로 하루에 한 바퀴씩 서쪽에서 동쪽(시계 반대 방향)으로 회전하는 것
지구의 공전	지구가 태양을 중심으로 1년에 한 바퀴씩 서쪽에서 동쪽으로 회전하는 것
태양 고도	태양이 지표면과 이루는 각
남중	하루 중 태양이 정남쪽에 위치하는 것
태양의 남중 고도	태양이 남중했을 때의 고도
발화점	어떤 물질이 불에 직접 닿지 않아도 타기 시작하는 온도
연소	물질이 산소와 빠르게 반응하여 빛과 열을 내는 현상
전기 회로	전지, 전선, 전구 등 전기 부품을 서로 연결해 전기가 흐르도록 한 것
전류	전기 회로에 흐르는 전기
도체	전류가 잘 흐르는 물질
부도체	전류가 잘 흐르지 않는 물질
전지의 직렬연결	전기 회로에서 전지 2개 이상을 서로 다른 극끼리 연결하는 방법
전지의 병렬연결	전기 회로에서 전지 2개 이상을 서로 같은 극끼리 연결하는 방법
전자석	전류가 흐를 때만 자석이 되는 것

과학 교과서 읽는 법을
알려 줘야 할 때

육아 휴직에서 복귀해 중학교 3학년 과학 수업에 들어갔을 때였다.

"마지막으로 오늘 배운 부분의 교과서를 읽고 중요 개념을 학습지에 정리하는 시간을 가질게요."

수업에서 교사가 강조한 부분과 교과서 개념을 정리한 아이는 다음에 이어지는 수업 이해도가 높은 편이다. 그런데 선수 학습의 중요성을 모른 채 복습하지 않는 아이가 많다 보니 수업 마무리에는 항상 아이들 스스로 교과서를 읽고 정리하는 시간을 준다. 처음에는 잠깐이라도 쉬고 싶어 했던 아이들도 나의 의도와 그 효과를 맛본 이후부터는 시간이 주어질 때마다 불평 없이 교과서를 읽고 개념을 정리한다.

그런데 그날 교실을 둘러보니 몇 명을 제외한 다수의 아이가 교과서를 읽지 않고 멀뚱멀뚱 앉아만 있었다.

"너희들은 왜 교과서 읽고 정리하지 않고 있어? 복습해야 다음 시간에 이어서 수업할 때 힘들지 않지."

"선생님. 교과서를 어떻게 읽고 정리해요?"

순간 내 귀를 의심했다. 휴직 동안 뉴스를 통해 꾸준히 아이들의 학습력이 떨어진다는 이야기를 접했지만, 현장에서 마주한 아이들의 상태는 그보다 더 심각했다.

'중학교 3학년이 그렇다고?' 믿지 못할 수도 있겠다. 제때 복습하지 않았다면 초등 때 배웠던 과학 개념이 3년의 시간이 지난 시점에 아이의 머릿속에 남아있을 리 없다. 그러니 텅 빈 머리로 멍하게 앉아 칠판과 과학 교과서만 바라보는 것이다. 소홀히 생각한 복습(선수 학습)의 결손이 초등 과학 공부에 구멍을 만들고, 결손이 누적되면 중등 과학에서는 싱크홀이 되어 돌아온다.

만약 교과서를 읽지 못하는 이유가 '과학 개념'에 있다면 앞에서 정리해 준 학년별 과학 개념어를 알려 주면 된다(42쪽 참조). 하지만 아이가 과학 개념을 충분히 알고 있는데도 어떻게 읽어야 할지 모른다면, 그때는 과학 교과서 읽는 법을 알려 줘야 한다.

과학은 비문학 특유의 문법을 알아야 한다

흔히들 국어를 도구 교과라 말한다. 국어에서 배운 읽기가 바탕이 되어 다른 모든 과목을 읽어 내는 능력이 길러지기 때문이다. 문해력이 좋은 아이, 국어를 잘하는 아이가 다른 과목도 잘한다는 이유가 여기에 있다. 하지만 과목마다 다르게 전개되고 서술된 특징을 알지 못하면 내용을 제대로 이해할 수 없다. 국어를 잘해도 과학 교과서를 읽지 못하는 경우가 그렇다.

과학·기술의 원리와 지식을 담고 있는 과학 교과서의 글은 주로 정의, 예시, 비교, 대조, 분류, 원인과 결과 등의 형태를 띤다. 따라서 과학 교과서는 기존에 소설, 시 등의 문학 작품을 볼 때와는 다른 읽기와 공부 전략이 필요하다.

✦ 정의와 예시

정의란 어떤 말이나 사물의 뜻을 풀이하는 방법으로, 대체로 '○○은 ○○이다'라는 형식을 취한다. 내용과 관련된 예를 구체적으로 들어 설명하는 방법인 예시는 개념을 보다 쉽게 말하기 위해 사용한다.

꽃은 대부분 암술, 수술, 꽃잎, 꽃받침으로 이루어져 있습니다. 호박꽃처럼 암술, 수술, 꽃잎, 꽃받침 중 일부가 없는 꽃도 있습니다. 꽃은 씨를 만드는 일을 합니다. **수술에서 만들어지는 꽃가루는 곤충, 새, 바람, 물 등의 도움으로 암술에 옮겨 붙습니다. 이것을 꽃가루받이 또는 수분이라고 합니다.** 꽃가루받이가 일어나면 암술 속에서 씨가 만들어집니다.

— 정의

곤충에 의한 꽃가루받이(사과나무)
새에 의한 꽃가루받이(동백나무)
바람에 의한 꽃가루받이(벼)
물에 의한 꽃가루받이(검정말)

— 예시

_ 이상원 외, <초등 과학6-1 교과서, 62~63쪽, 2015 개정 교육과정>, 천재교과서

꽃가루받이(수분)를 정의하고, 식물의 다양한 꽃가루받이는 우리가 흔히 알고 있는 충매화(곤충), 조매화(새), 풍매화(바람), 수매화(물)를 예로 들어 설명하고 있다. 따라서 교과서를 읽은 다음 '바람에 의한 꽃가루받이 = 풍매화'라고 한자 개념어를 쓰고 정리해야 이후에 과학 책이나 중등 과학에서 "소나무나 은행나무 등의 겉씨식물은 바람에 의해 꽃가루받이가 일어나는 풍매화다"라는 문장을 보고 바로 이해할 수 있다.

과학 교과서에서 개념을 정의로 설명하는 부분은 나중에 그 정의를 묻는 정도로 문제가 출제된다. 실제 내신에서는 출제 비율이 낮고, 대부분 쪽지 시험과 같은 형성평가로 접하게 된다. 하지만 개념을 정확히 알아야 풀 수 있는 응용 문제가 있기에 아이가 교과서를 복습하면서 정의와 예시를 스스로 정리하는 습관을 들여야 한다. 그래야 한자어로 된 과학 개념어에 익숙해지고, 배경지식도 넓혀 갈 수 있다.

✦ 비교와 대조

비교는 둘 이상의 사물이나 개념을 견주어 공통점을 중심으로 설명하는 방식이고, 대조는 둘 사이의 차이점을 중심으로 설명하는 방식이다.

마그마가 굳어져 만들어진 암석을 화성암이라고 합니다. **대표적인 화성암에는 현무암과 화강암이 있습니다. 현무암과 화강암은 암석을 이루고 있는 알갱이의 크기와 색깔이 서로 다릅니다. 현무암은 암석을 이루고 있는 알갱이의 크기가 작고 색깔이 어둡습니다. 화강암은 암석을 이루고 있는 알갱이의 크기가 크고 색깔이 밝습니다.**

_ 양일호 외, <초등 과학4-1 교과서, 72~73쪽, 2022 개정 교육과정>, 미래엔

화성암의 대표적인 예인 화강암과 현무암의 특징을 설명하고 있다. 이렇게 둘 이상의 개념을 공통점과 차이점으로 설명하는 문장을 만나면 '나만의 표'로 그리며 정리하는 공부법이 도움된다.

학교 수업에는 주로 시각 정보와 언어 정보가 사용된다. 교과서, 참고서, 학습 프린트물, 교사나 강사의 설명이 글, 음성, 영상, 이미지 등으로 제공되는 것이다. 심리학자 앨런 파비오Allan Paivio의 이중부호화이론Dual Coding Theory에 따르면, 시각 정보나 언어 정보 둘 중의 하나보다 두 정보를 동시에 사용할 때 기억력이 훨씬 더 좋아진다고 한다.[5] 시각 정보와 언어 정보가 독립적으로 저장되어 둘 중 하나만 기억해도 다른 정보가 함께 떠오르고, 두 정보의 연결이 강화되면 장기 기억으로 전환되어 공부한 내용을 오랫동안 기억할 수 있다.

처음부터 교과서를 읽고 스스로 표를 만들 수 있는 아이는 없다. 그래

서 초등 과학에서는 실험관찰 책에 탐구 활동의 과정과 내용을 표로 만들어 두고, 아이들이 교과서를 읽고 그 표를 채울 수 있게 가르친다. 공부한 내용을 표로 만드는 능력을 키우려면 실험관찰 책을 적극적으로 활용하자.

◆ 분류

여러 대상을 기준에 따라 구분할 때 주로 쓰이는 방법이다. 분류에서 가장 중요한 것은 '기준'이다. 누가 분류해도 같은 결과가 나올 수 있게 분류의 기준이 '객관적'이어야 한다는 뜻이다. 초등 3학년 과학에서 배우는 식물 잎 분류를 예로 살펴보자.

잎의 생김새에 따라 식물을 분류해 볼까요

식물은 종류에 따라 잎의 생김새가 다릅니다. 여러 가지 식물의 잎을 채집하여 잎의 생김새를 관찰해 봅시다. 식물은 **잎의 특징**에 따라 분류할 수 있습니다. 식물은 **잎의 전체적인 모양, 가장자리 모양 등과 같은 특징으로 분류 기준을 정해 분류**할 수 있습니다.

_ 양일호 외, <초등 과학3-1 교과서, 66~69쪽, 2022 개정 교육과정>, 미래엔

이처럼 아이들은 교과서에서 잎의 특징에 따라 식물 분류하는 법을 배운 다음, 실험관찰 책으로 주변의 식물 잎을 탐구하는 활동을 한다. 이때 "가장 예쁜 잎은?" "내가 좋아하는 잎은?" 등의 기준으로 잎을 분류해서는 안 된다. 사람마다 기준이 다를 수 있기 때문이다. 따라서 분류

활동이 포함된 실험관찰 책을 복습할 때는 아이가 분류 기준을 명확하고 객관적으로 세울 수 있게 알려 주면 좋다.

✦ 원인과 결과

원인은 어떤 일이 일어난 까닭이며, 원인 때문에 일어난 일을 결과라고 한다.

낮과 밤이 생기는 까닭은 무엇인가요?

지구에서 태양 빛을 받는 지역은 낮이 되고, 태양 빛을 받지 못하는 지역은 밤이 됩니다. 우리나라에서 하루를 주기로 **낮과 밤이 생기는 까닭은 지구가 하루에 한 바퀴씩 자전하기 때문**입니다.

_ 이상원 외, <초등 과학6-1, 33쪽, 2015 개정 교육과정>, 천재교과서

원인과 결과, 즉 인과관계로 서술된 지문을 과학 교과서에서 접할 때는 "왜 그럴까?" 묻고 답하는 방식으로 공부하면 효과적이다. 생각의 흐름을 따라가며 답을 찾는 과정에서 과학 개념과 개념 간 이해가 잘되기 때문이다. 공부한 내용의 이해도가 높아지면 저절로 외워지고 오래 기억할 수 있다.

세세하게 모든 것을 암기하고 문제를 푸는 아이들은 하나의 단서가 기억나지 않으면 문제 풀이를 쉽게 포기하는 경우가 있다. 하지만 스스로 묻고 답하는 방식으로 공부한 아이는 일부를 잊어버려도 생각의 흐

름 속에서 개념 간의 관계를 기억해 내기에 문제를 풀 수 있는 능력이
길러진다.

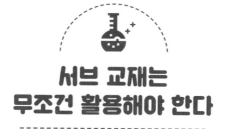

서브 교재는
무조건 활용해야 한다

실험관찰 책은
복습 도구로

초등 과학의 최대 장점은 교과서와 함께 실험관찰 책이 제공된다는 점이다. 실험관찰 책은 보조 교과서라고 할 수 있다. 교과서의 탐구 활동을 순서에 따라 직접 해 보고 그 결과를 기록할 수 있게 구성되어 있다. 과학 수업 중 또는 수업 이후 탐구, 추리·추론, 분석·해석, 평가 등을 할 수 있어, 별도의 노트나 문제집을 마련하지 않아도 개념을 정리하고 문제를 풀어 볼 수 있다. 복습에 훌륭한 재료인 셈이다. 그러니 초등부터 아이의 과학 실력을 확실하게 키우고 싶은 부모라면, 과학 교과서와 실험관찰 책을 3~4주에 한 번 정도 집으로 가져오게 해 직접 살펴보기 바란다. 아이의 주간학습 안내표를 보고 단원이 끝날 때쯤 가져오게 해도 좋다. 가능한 한 주말을 이용해 복습하자.

교과서와 실험관찰 책을 살펴보면 아이가 얼마나 수업에 집중하고 있는지 보일 것이다. 만약 실험관찰 책에 빈칸이 많거나 대충 몇 줄만 채워져 있다면 아이가 수업을 따라가기 힘들다는 신호일 수 있다. 초등 때 힘들어하는 부분을 빨리 진단하고 학교 수업을 잘 따라갈 수 있도록 돕는 것이 예습과 선행보다 중요하다.

"우리 애는 교과서를 가져오라고 해도 맨날 까먹고 안 가져와요."

블로그에 과학 교과서와 실험관찰 책으로 복습하는 글을 올렸더니 가장 많이 달린 댓글이다. 분명 등굣길에 신신당부했건만 하교한 아이의 책가방 어디에도 교과서가 보이지 않으니 답답할 수밖에.

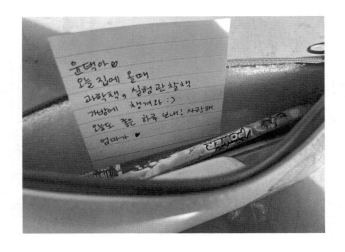

이럴 때는 내가 종종 이용하는 방법을 권한다. 나 역시 아이들과 같은 과정을 지나왔다. 덜렁대는 아들 둘에게 교과서를 가져오라고 하는 날은 아이들 필통에 쪽지를 써서 넣어 둔다. 학교에서 계속 보는 필통 속에 엄마 쪽지가 들어 있으니 잊지 않고 챙겨 오는 빈도가 높아진다.

복습할 때는 먼저 과학 교과서를 천천히 읽어야 한다. 초등 교과서는 한 단원이라고 해도 10장 남짓이며 삽화나 탐구 활동이 많아 실제 읽어야 할 텍스트는 많지 않다. 만약 아이가 한 단원 전체를 읽기 힘들어하면 중단원씩 끊어서 읽게 하는 것도 방법이다. 아이가 교과서와 친해지는 시간을 가져야 하니 처음부터 무리할 필요는 없다.

교과서를 다 읽었다면 실험관찰 책에서 교과서에 해당하는 단원을 찾아 빠진 부분이나 부족한 부분이 없는지 살펴보자. 그런 부분이 있다면 아이가 교과서를 다시 읽고 실험관찰 책을 정리할 시간을 줘야 한다. 이때 "왜 안 했어?" "이게 빠졌네" 하는 지적보다 아이 스스로 채워 나갈 수 있게 한 걸음 물러서 지켜보는 게 중요하다. 힘들게 공부하고 있는데 옆에서 누군가 계속 잔소리를 하면 하고 싶은 마음이 사라지기 마련이다.

공부는 스스로 해야 하는 일이다. 그 과정에서 부모의 역할은 아이가 공부에 어려움을 겪지 않도록 길을 열어 주고, 필요한 걸 살펴 주는 조력자만으로 충분하다. 초등 중·고학년에서 교과서 읽기와 실험관찰 책 정리를 잘했다면 중학교에서 과학 교과서를 읽고 스스로 정리하기 한결 쉬워질 것이다. 이후 수업에서는 이해되지 않았지만 복습하며 알게 된 내용이 있다면 실험관찰 책에 정리한다.

몰라서 쓰지 못하는
디지털 교과서

디지털 교과서란 학교에서 실제 사용하는 교과서에 용어 사전, 멀티미디어 자료, 실감형 콘텐츠(증강현실, 가상현실, 360° 사진 및 영상 콘텐츠), 평가 문항 등의 학습 자료, 지원 및 관리 기능이 포함된 학생용 교과서다. 학교에서는 교과서를 만든 출판사의 디지털 교과서를 함께 제공하고 있는데, 모든 과목이 그런 건 아니다. 초등 3~6학년과 중학교는 영어·과학·사회, 고등학교는 영어 과목만 디지털 교과서가 제공된다.

디지털 교과서를 사용하기 위해서는 먼저 '에듀넷(edunet.net)'에 아이 이름으로 회원 가입을 해야 한다. 그다음 에듀넷 아이디로 '디지털교과서(webdt.edunet.net)'에 로그인하면 아이가 학교에서 쓰는 교과서와 똑같은 디지털 교과서를 볼 수 있다. 아이가 다니는 학교가 e학습터를 이용한다면 그 아이디와 비번을 그대로 써도 된다.

자, 그럼 디지털 교과서를 어떻게 활용하면 좋을까? 먼저 집에 두는 교과서로 사용하자. 과학과 사회를 공부할 때는 그 어떤 방법보다 교과서로 복습하는 방법이 효과적이다. 하지만 보통 교과서는 학교에 놓고 사용하기 때문에 집에 가져오는 날이 드물다. 그래서 교과서를 한 권 더 구매해 집에 두거나 앞에서 설명한 것처럼 주기적으로 교과서를 집에 가져오게 하는 부모가 많다. 만약 교과서를 한 권 더 구비하거나 주기적으로 가져오는 데 어려움이 있다면 디지털 교과서를 활용하는 것도 좋은 방법이다.

교과서를 복습한 다음 서브 교재로 활용할 수도 있다. 디지털 교과서에는 소단원마다 평가 문제가 제공되고, 단원 마지막에는 단원평가 문제도 있다. 따로 문제집을 구입하지 않아도 공부한 내용을 바르게 이해하고 있는지 바로 눈앞에서 확인 가능하다. 교과서를 제대로 읽으면 틀리지 않는 문제들이기에 아이의 과목에 대한 이해도를 파악할 수 있다. 시중에 나온 과학 문제집은 초등 5학년부터 풀어 보면 좋다. 하지만 알다시피 문제집 한 권의 분량이 적지 않다. 게다가 국·영·수 과목 공부와 학원 숙제로 독서 시간과 잠잘 시간조차 부족한 아이에게 문제집 한 권 추가는 보통 일이 아니다. 디지털 교과서를 서브 교재로 문제집 대신 풀어 보게 하는 것을 추천한다.

또한 과학은 탐구 실험을 해 보는 게 가장 좋지만 학교에서도 교과서의 모든 실험을 진행하지는 못한다. 여건상 어렵기 때문이다. 집에서는 더욱 그러할 것이다. 그런 부분에서 디지털 교과서는 다양한 실험 영상을 찾아보며 실험관찰 책을 복습하기에 손색없다. 매일, 매주 할 필요는 없다. 3~4주마다 주말을 이용해 1시간 남짓이면 충분하다.

과학 교과서 속 '탐구'

과학 교과서에는 과학 지식과 더불어 과학 탐구 과정을 포함한다. 쉽게 말해 과학 실험, 관찰 등의 모든 활동을 말한다. 과학 탐구 과정에서 요구하는 기능이나 요소를 '탐구 기능'이라고 하며, 구체적으로 기초 탐구 기능과 통합 탐구 기능이 있다. 초등 과학 교과서에는 모든 학년에 걸쳐 이 두 가지 탐구 기능을 학습하게 되어 있다.

2015 개정 교육과정에 따른 과학 교과서에서는 <과학자는 어떻게 탐구할까요?>, <과학자처럼 탐구해 볼까요?>와 같이 재미있고 쉽게 등장하기에 아이들이 중요하지 않은 단원이라고 생각해 지나치곤 했다. 2022 개정 교육과정에서는 별도의 단원이 아니라 각 단원 안에 탐구 내용이 들어가 있어 꼭 짚어 공부하기 어렵다. 그런데 이 탐구 기능 부분은 중학교에서의 후속 학습과 수행평가에서 중요한 역할을 한다. 실험으로 얻은 데이터를 표나 그래프로 만드는 활동, 표를 그래프로 변환하거나 그래프를 표로 변환하는 활동이 수업에서 계속 등장하기 때문이다. 당연히 지필평가로도 자주 다뤄진다. 교사들의 학습 지도서, 임용고

시에도 반드시 나오는 내용이다.

중학교 수업은 이 내용을 초등학교에서 익히고 왔다는 전제하에 곧바로 실전에 들어간다. 당연히 탐구 기능을 제대로 익히지 못하고 올라온 아이들은 어떻게 해야 할지 몰라 쩔쩔맨다.

수업에서는 선수 학습의 결손을 메꿀 충분한 시간이 주어지지 않는다. 아이가 스스로 배우지 않으면, 부모가 도와주지 않으면 제대로 배울 기회가 없을 수도 있다. 그래서 여기에서 탐구 기능별 반드시 알아야 할 내용을 정리해 소개한다. 초·중·고 과학 수업, 수행평가, 지필평가에서 중요한 부분인 만큼 제대로 배우고 넘어가기 바란다.

기초 탐구 기능

✦ 관찰

관찰이란?	탐구 대상을 자세히 살펴보는 것
관찰할 때 사용하는 감각 기관은?	눈, 코, 입, 귀, 피부의 오감을 모두 사용
감각 기관만으로 관찰하기 어려울 때는?	돋보기, 현미경, 청진기 등을 사용하여 자세히 관찰한다
관찰 결과가 아닌 것은?	나의 생각이나 이미 알고 있는 것을 이야기하는 것
변화 과정을 관찰할 때	변화가 일어나기 전, 변화가 일어나는 중, 변화가 일어난 후의 모습을 모두 관찰하고 비교한다 • 시간의 흐름에 따라 관찰하기 • 변화에 초점을 두고 관찰하기 • 가능한 한 많이 관찰하기 • 관찰 내용을 바로 기록하기

✦ 측정

측정이란?	탐구 대상의 길이, 무게, 시간, 온도 등을 재는 것
측정할 때 사용하는 것은?	• 길이-자 • 무게-저울 • 시간-시계 • 온도-온도계 • 액체의 부피- 눈금실린더, 비커
같은 대상을 측정했는데 측정값이 사람마다 다른 이유는?	측정 도구의 종류, 측정 방법, 측정하는 사람에 따라 측정값이 조금씩 달라질 수 있다
대상을 정확하게 측정하기 위해서는?	여러 번 반복하여 측정하거나 알맞은 측정 도구를 선택한다

✦ 예상

예상이란?	관찰 결과에서 규칙을 찾아 앞으로 일어날 일을 생각하는 것
과학적으로 예상하려면?	분명한 근거를 들어 예상한다.
내삽과 외삽	• 내삽: 관찰 또는 측정값의 범위 안에서 예상하는 것 • 외삽: 관찰 또는 측정값의 범위 밖에서 예상하는 것 내삽과 외삽은 관찰, 측정 자료의 규칙성에 근거하기 때문에 관찰, 측정한 자료가 일관된 경향성을 보여야 한다

※ 내삽과 외삽은 초등 5학년부터 배운다.

✦ 분류

분류란?	대상의 공통점과 차이점을 바탕으로 무리 짓는 것
과학적 분류 기준은?	누가 분류하더라도 같은 결과가 나와야 한다
분류할 때 유의점	• 분류 기준이 객관적이어야 한다 • 분류 기준이 명확해야 한다 • 분류된 각각의 항목은 서로 겹치지 않아야 한다 • 분류된 각각의 항목을 모두 합치면 분류하기 전의 항목과 일치해야 한다

✦ 추리

추리란?	관찰 결과, 과거 경험, 이미 알고 있는 것 등을 바탕으로 하여 과거에 어떤 일이 일어났는지 생각해 보는 사고 과정

과학적 추리를 하려면?	• 탐구 대상을 주의 깊게 관찰하여 대상에 대한 정보를 많이 얻는다 • 관찰한 것을 자신이 알고 있는 것, 과거 경험과 관련지어 생각해야 한다 • 추리한 것이 관찰 결과를 모두 설명할 수 있어야 한다

✦ 의사소통

의사소통이란?	다른 사람과 생각이나 정보를 주고받는 것
정확하게 전달하려면?	의사소통할 때 표, 그림, 몸짓 등을 사용하거나 정확한 용어로 간단하게 설명한다
다양한 의사소통 도구	표, 기호, 그래프, 말, 몸짓, 모형, 그림, 글, 숫자, 지도 등

통합 탐구 기능

✦ 문제 인식

문제 인식이란?	우리 주변의 자연 현상을 관찰하고, 탐구할 문제를 찾아 명확하게 나타내는 것
탐구 문제 정하는 법	평소 호기심이 있었거나 관찰한 내용 중에서 궁금한 점을 탐구 문제로 정한다. '왜 그럴까?' '이것은 무엇일까?' '~하면 어떻게 될까?'
탐구 문제를 정할 때 생각할 점	• 탐구하고 싶은 내용이 분명하게 드러나야 한다 • 탐구 범위가 좁고 구체적이어야 한다 • 스스로 탐구할 수 있어야 한다

✦ 가설 설정

가설 설정이란?	탐구할 문제를 정하고 탐구의 결과를 예상하는 것. 실험 결과를 '예상'하는 수준에서 가설을 세우도록 한다
가설을 세울 때 생각할 점	• 탐구를 하여 알아보려는 내용이 분명하게 드러나야 한다 • 이해하기 쉽도록 간결하게 표현해야 한다 • 탐구를 하여 가설이 맞는지 확인할 수 있어야 한다

※ 2015 개정 교육과정에서는 5학년 <과학자는 어떻게 탐구할까요?> 단원에서 가설이 없는 귀납적 탐구 과정을 학습하고, 6학년 <과학자처럼 탐구해 볼까요?> 단원에서 가설을 검증하는 연역적 탐구 과정을 학습한다.

✦ 변인 통제와 실험 계획

변인 통제란?	실험에서 다르게 해야 할 조건(조작 변인)과 같게 해야 할 조건(통제 변인)을 확인하고 통제하는 것 • 독립 변인: 실험에 관련된 모든 조건(조작 변인, 통제 변인) • 종속 변인: 독립 변인이 변함에 따라 변화가 일어나는 변인
변인 통제를 해야 하는 이유	변인 통제를 하지 않으면 실험 결과에 영향을 미치는 조건이 무엇인지 확인하기 어렵다
실험 계획 시 생각해야 하는 것	변인 통제, 관찰하거나 측정할 것, 준비물, 실험 과정, 실험에서 모둠 구성원의 역할 등

✦ 자료 변환과 자료 해석

자료 변환이란?	실험 결과를 표나 그래프의 형태로 바꾸어 나타내는 것
실험 결과를 표로 나타내는 방법	• 다르게 한 조건과 실험 결과가 드러나도록 제목 정하기 • 표의 첫 번째 가로줄(조작 변인)과 세로줄(종속 변인)에 나타낼 항목 정하기 • 항목 수를 생각해 가로줄과 세로줄의 개수를 정하고 표 그리기 • 표의 각 칸에 결괏값을 기록하기
자료 변환의 형태	표나 그래프는 실험 데이터 해석을 명확하게 하는 데 도움을 준다. • 표: 자료를 가로와 세로 칸에 체계적으로 정리할 수 있다. 간결, 단순 • 그래프: 자료를 점과 선 또는 넓이 등으로 나타내어 자료의 분포와 경향을 쉽게 알 수 있다 • 그 외: 그림, 흐름도, 도식
자료 해석이란?	실험 결과를 통해 알 수 있는 점을 생각하고, 자료 사이의 관계나 규칙을 찾아내는 것
자료 해석법	• 표에서 가로줄과 세로줄의 값이 나타내고 있는 관계 찾기 • 표에 나타난 규칙 찾기: 조작 변인과 종속 변인의 관계가 일정한 규칙을 나타내고 있는가? • 규칙에서 벗어나는 경우가 있다면 그 까닭이 무엇인지 분석하기 • 실험 방법에 문제점이 없는지 확인하기: 변인 통제가 잘못되었거나 관찰 또는 측정을 바르게 하지 않았다면 실험을 다시 한다

✦ 결론 도출

결론 도출이란?	실험 결과를 해석하여 탐구 문제의 답을 얻는 과정. 가설과 실험 결과를 비교하여 논리적인 추론으로 결론을 이끌어 낸다 • 결론은 결과를 토대로 진술되는 논리적 추론 과정이므로 결과를 반복적으로 진술하지 않는다 • 종속 변인과 독립 변인의 사이에 어떤 관계가 있는가? • 두 변인 사이에 어떤 상관관계가 있는가?
결론 도출의 중요성	• 탐구할 문제의 최종적 해답을 제공한다 • 잠정적 해답인 가설에 대한 검증 결과들을 종합적으로 검토하고 정리하게 된다 • 추후의 탐구 활동에 대한 문제 제기의 발판이 된다

초등 수행평가도
소홀히 하면 안 된다

코로나가 절정이었던 2020학년도에 1학년 담임을 맡았었다. 감염에 대한 우려와 확산으로 모든 게 조심스러웠던 시기라 아이들은 학교에 오는 날보다 원격 수업을 하는 날이 많았다. 학부모 상담 역시 대면보다 전화로 진행되었는데, 아이의 과학고 진학 건으로 꼭 만나서 이야기하고 싶다는 요청이 있어 약속을 잡았다.

1시간 남짓 이어진 상담 동안 아이가 과학고 입시를 위해 준비해야 할 기본적인 것부터 생활기록부(이하, 생기부)에 기록되는 출결, 성적, 독서, 수상 실적 등 학교생활 전반을 이야기해 주고, 입시와 관련해 궁금한 점들을 답해 주었다. 부모 두 분이 모두 상담에 참여할 정도로 자녀의 진학에 대한 관심과 기대가 컸지만, 나 역시 담임으로서 아이에 대한 기대가 있었다. 그리고 시간이 흘러 성적표와 생기부 기록으로 바쁘던 2학기 말, 우리 반을 담당하는 수학 교사의 전화를 받았다.

"선생님, ○○ 학생 어떤가요?"

"네? 수업 시간에 무슨 일 있었나요?"

"수행평가 제출 관련해 등교 주간에 안내하고 문자 발송도 여러 번 했는데, 오늘 마감날까지 제출을 안 해서 연락드렸어요."

아이들의 성적은 교내 관리 지침에 의해 처리된다. 당시는 자유학기제가 자유학년제로 확대 운영되던 시기였고, 중학교 1학년 성적은 과목의 성취 기준에 따라 성취 수준 특성, 학습 활동 참여도 및 태도, 활동 내용 등의 항목을 문장으로 기록하는 게 원칙이었다. 때문에 수행평가 중 하나라도 제출하지 않으면 생기부 평가가 좋을 리 없었다. 그 아이의 생기부에도 과목 담당 교사의 솔직한 평가가 들어갔다. 그 평가에 적힌 아이의 모습은 내가 1년 동안 지켜본 모습과 별반 다르지 않았다.

2학년에 올라가서는 담임이 아닌 과학 과목 교사로 그 아이를 만났지만, 아이는 과학고 준비로 늘 학원 숙제에 치여 학교 숙제는 뒷전이었고, 중학교 생활을 그르칠 만큼 학습 태도가 좋지 않았다. 결국 그 아이는 온 가족이 원했던 과학고에는 진학하지 못했다.

학교생활에서 가장 중요한 학습자의 품성은 무엇일까? 단 하나를 꼽으라고 한다면 성실성이다. 성실성은 기본 중의 기본이다. 성실하기만 해서는 안 되지만 성실한 사람이 너무 적은 시대에서 성실성은 큰 장점이자 무기가 될 수밖에 없다. 그리고 아이의 성실성이라는 무기를 제대로 쓸 수 있는 곳이 바로 수행평가다.

아이가 학기 말, 학년 말에 집으로 가져오는 생활통지표를 살펴보면, 과목별 평가 영역과 평가 요소 그리고 평가 결과가 채워져 있다. 평가 결과는 학교마다 다르지만 보통 3단계, 4단계 평가 척도를 활용해 '매우 잘함-잘함-보통-노력 요함'으로 쓴다. 2015 개정 교육과정에서 학습 과정을 중시하는 평가가 언급된 후로 '과정 중심 평가'에 대한 관심이 높아졌다. 아이의 학습 변화와 성장에 대한 자료를 여러 방면으로 수집하고 피드백을 제공하는 평가 방식이다. 대표적인 게 수행평가다. 특히, 공식적으로 점수화된 지필평가가 없는 초등 시기에는 모든 과목이 수행평가로 이루어진다. 그런데 점수로 나타나지 않으니 대부분의 아이와 부모가 수행평가를 소홀히 하고, 그 습관이 중·고등학교에서 그대로 드러난다.

중·고등학교 수행평가는 지필평가와 더불어 매우 중요하다. 고입, 대입에 큰 영향을 미치기에 수행평가에 최선을 다하지 않을 수가 없을 정도다. 실제 중·고등학교에서 지필평가 기간에 전 과목 수행평가가 쏟아진다. 일명 '고난의 수행 기간'이라고도 하는데, 한정된 학사 일정 안에 평가를 진행해야 하기 때문에 몰리는 것이다. 반마다 교실 칠판 한쪽 면에 과목별 수행평가 날짜와 평가 항목이 빼곡하게 적혀 있는 풍경을 쉽게 볼 수 있다.

하지만 학기 초 평가 계획서로, 디데이 몇 주 전부터 과목 담당 교사를 통해, 수행평가가 고지되어도 코앞에 닥친 지필평가 준비로 수행평가를 제대로 하지 못하는 아이가 많다. 제출 기한을 넘기는 경우도 있다. 제출 기한을 지키지 못하면 수행평가는 무조건 감점이다. 감점 비율은 미흡하지만 제때 제출한 포트폴리오(과목마다 학습지나 별도 프린트물을 정리해 제출하는 수행평가의 한 형태)보다 더 높다.

초등 수행평가를 준비하는 꿀팁

✦ 1단계

가장 먼저, 학기 초 학교에서 발송되는 평가 계획을 확인해야 한다. 이 평가 계획만 제대로 확인하고 보이는 곳에 붙여 두면 수행평가 준비의 첫 단계는 끝이다. 나 역시 두 자녀의 평가 계획서를 프린트해 수시로 확인하면서, 수행평가를 준비하고 교과서를 복습할 때 참고한다.

학교마다 양식의 차이는 있지만 공통적으로 과목, 성취 기준, 단원(영역), 평가 요소, 평가 방법, 평가 기준, 평가 시기 등을 확인할 수 있다. 특히 평가 계획서에 상세하게 나와 있는 평가 기준을 눈여겨봐야 한다. 주간학습 안내와 알림장에서 수행평가 사전 고지를 꼼꼼하게 살피면 더욱 좋다.

학년별, 과목별 평가 계획을 확인하려면

- e알리미, 하이클래스 또는 학교 홈페이지에서 학기 초 가정통신문 확인
- 학교알리미 ▶ 자녀 학교명 검색 ▶ 공시 정보 ▶ 학업 성취 사항 ▶ 교과별 (학년별) 교수·학습 및 평가 계획에 관한 사항 다운로드

e알리미, 하이클래스는 학교에서 쓰는 앱 종류이며, '학교알리미 (schoolinfo.go.kr)'는 교육부에서 정한 공시 기준에 따라 매년 1회 이상 초등학교, 중학교 전반의 주요 정보를 객관적이고 투명하게 공개하는 웹사이트다. 학교알리미 사이트에서 학생, 교원 현황, 시설, 학교 폭력 발생 현황, 교육 여건, 급식 상황, 학업 성취 등 학교와 관련된 정보들을 쉽게 확인할 수 있다.

✦ **2단계**

"다음 주에 과학 수행평가 본다는데 어떤 내용인지 이야기해 볼래?"

학교에서 이미 담임 교사가 언제, 어떤 내용으로 수행평가를 볼 것인지 알려 주었을 것이다. 수행평가 시기가 다가오면 아이가 그 내용을 기억하고 있는지 물어보자. 부모가 아이의 공부에 관심이 있다는 점을 넌지시 표현만 해도 아이의 학습 태도나 성취도가 몰라보게 달라진다.

✦ **3단계**

1단계에서 준비한 평가 계획을 활용한다. 예를 들어 아이가 초등 5학

년이고, 배우는 부분이 <빛의 성질> 단원이라면, 평가 계획서에서 해당 단원의 수행평가 기준을 참고해 복습하는 것이다.

성취 기준		볼록렌즈를 이용하여 물체의 모습을 관찰하고 볼록렌즈의 쓰임새를 조사할 수 있다
단원		빛의 성질
평가 요소		볼록렌즈로 물체를 관찰하고 볼록렌즈의 쓰임새 알아보기
평가 기준	매우 잘함	볼록렌즈에서 빛의 굴절로 인해 물체의 모습이 실제와 다르게 보임을 이해하고, 일상생활에서 볼록렌즈가 사용되는 예를 3개 이상 찾아 쓰임새를 설명할 수 있다
	잘함	볼록렌즈에서 빛의 굴절로 인해 물체의 모습이 실제와 다르게 보임을 이해하고, 일상생활에서 볼록렌즈가 사용되는 예를 2개 이상 찾아 쓰임새를 설명할 수 있다
	보통	볼록렌즈로 보는 물체의 모습이 실제와 다르게 보임을 설명하고, 일상생활에서 볼록렌즈가 사용되는 예를 찾을 수 있다
	노력 요함	일상생활에서 볼록렌즈가 사용되는 예를 간단하게 조사할 수 있다
평가 시기		7월

교과서 읽기에서 나아가 일상생활에서 볼록렌즈가 사용되는 예를 찾아서 정리한다. 다른 과목도 마찬가지다. 교과서를 복습할 때 평가 기준에 있는 내용을 아이에게 물어보거나 쓰게 하면 복습과 수행평가 두 마리 토끼를 함께 잡을 수 있다.

단, 평가 기준의 조건을 잘 봐야 한다. 위의 평가 기준처럼 볼록렌즈의 쓰임새를 3개 이상 찾아 쓸 경우 '매우 잘함', 2개 이상은 '잘함', 1개는 '보통'이고, 하나도 쓰지 못할 경우에는 '노력 요함'을 받는다. 아무리 답안을 길게 써도 조건에 맞지 않으면 소용없다. 평가에서 요구하는 조건을 잘 보고 복습해야 하는 이유가 여기에 있다.

평가 기준을 참고해 복습하는 습관은 중학교, 고등학교 내신에서 서·

논술형 문제의 답안을 작성할 때도 필요하다. 반드시 초등학생 때부터 익혀 두자. 처음에는 부모가 하는 방법을 알려 주고 이후 아이 스스로 할 수 있도록 도와주자. 수행평가 항목을 부모가 일일이 확인해서 공부 시키는 것보다 아이 스스로 할 수 있도록 판을 깔아 주는 게 바로 부모의 역할이다.

초등 기초학력 진단평가, 과목별 단원평가 준비

매년 3월 전국 초·중·고에서 기초학력 진단평가가 실시된다. 평가 결과는 아이들의 학업 성취도를 정량적으로 측정하고, 교육과정 개선을 위한 자료로 활용된다. 시험 난도는 상중하 중 중, 하 수준으로 어렵지 않다. 하지만 수준 미달일 경우에는 맞춤형 학습 대상자로 선정되어 별도의 교육 프로그램을 이수하고 3회에 걸쳐 향상도 검사를 받아야 한다. 평가 과목은 학교급, 학년 그리고 학교에 따라 달라질 수 있지만 대체로 다음과 같다.

학교급/학년	과목	문항 수	시험 범위
초등 3학년	읽기, 쓰기, 셈하기	25	기초 읽기, 쓰기, 셈하기
초등 4~6학년	국어, 수학, 영어, 사회, **과학**	25	이전 학년 범위의 학습 내용
중학교	국어, 수학, 영어, 사회, **과학**	30	1학년: 초등 6학년 학습 내용 2~3학년: 이전 학년 학습 내용
고등학교	국어, 수학, 영어, 사회, **과학**	30	1학년: 중 3학년 학습 내용 2학년: 이전 학년 학습 내용

　학교의 단원평가를 준비하기 위해 별도로 과학 문제집을 푸는 것은 초등학생의 경우 학습 내용이 어려워지는 5학년부터 권한다. 초등 3, 4학년에게는 적합하지 않다. 몹시 어렵지도 않거니와 평가를 위해 지속적으로 문제를 푸는 행위보다 3~4주에 한 번씩 교과서 복습을 하는 편이 훨씬 효과적이기 때문이다. 또한 초등 과학 문제집의 경우 단순히 개념만 묻는 문제가 반복되고, 교과서 응용 문제는 몇 개 없어 시간만 낭비할 가능성이 크다.

　앞서 짚어 주었듯이, 초등 3~4학년 때는 교과서와 실험관찰 책 복습을 통해 과학 개념을 익히고 디지털 교과서에 있는 형성평가 문제 정도만 풀어도 문제없다. 아이가 초등 5~6학년이 되어 학습에 대한 불안감이 커진다면, 그리고 기초학력 진단평가를 대비해 공부한 내용의 점검이 필요해진다면, 그때도 공부를 가장한 문제집 풀이 노동보다 다음 사이트에서 한 단원당 20개 정도 문제를 풀어 보는 걸 추천한다.

국가기초학력 지원센터	• 초·중·고 과목별 기초학력 학습 자료를 다운로드 할 수 있다. 특히 초등 국·영·수·사·과 학습 자료가 잘 되어 있다. (기초학력 학습자료 ▶초등학교 ▶ 과목) • 초등 입학을 앞둔 취학전기 아이 교육에 활용하기 좋은 수와 연산, 한글, 놀이 수학 등이 있다. (기초학력 학습자료 ▶초등학교 ▶ 수학 ▶ 저학년 수학 기초학습 프로그램 쑥쑥 커지는 수학) • 초·중·고 일부 자료는 아래 소개하는 배이스캠프와 연동된다.
PLAS (배이스캠프: 배우고 이루는 스스로 캠프)	• 메인 화면에 학년별, 과목별 학습 문항이 제공된다. 연필 모양의 아이콘으로 학습 문항을 풀며 공부한 다음 형성평가를 만들어 풀 수 있다. 원하는 만큼 문항 수를 조절할 수 있다. (학년 ▶ 과목 ▶ 형성평가) • 단원평가를 준비할 때 활용하면 좋다. (내 실력 확인하기 ▶ 총괄평가 만들기) • 초등 4~6학년 교육과정에 기반한 문제를 풀어 볼 수 있다. 과목별 총 30문항, 45분 시험이다. (예비 진단 ▶ 국어, 영어, 수학 교과)
EBS 초등사이트	• 매년 3월 기초학력 진단평가를 실시한다. 겨울방학 동안 직전 학년에 배운 모든 학습 내용을 정리하기에는 학습량이 많다. 초등 EBS에서 제공되는 온라인 모의고사로 점검하면 좋다. (강좌/교재 ▶ 추천 인기시리즈 ▶ 기초학력 진단평가 ▶ 프로그램/강좌 ▶ 교재방) • 온라인 모의고사는 초등 3학년부터 제공된다.
에듀넷	• 과목별 평가 자료를 다운로드할 수 있다. (학습자료 ▶ 학습·평가 자료 ▶ 학년 ▶ 학기 ▶ 과목 ▶ 평가자료)

과학 글쓰기는
어떻게 시작해야 할까?

"선생님, 그냥 글쓰기도 어려운데 과학 글쓰기를 어떻게 해요?"

과학 글쓰기를 적용해서 주제 선택 학습이나 관련 단원의 학습을 진행하는 날이면 아이들의 다급한 도움 요청이 빗발친다. 과학 글쓰기라고 하면 처음부터 '어렵다'는 반응을 보이는 아이가 많다. 하지만 과학 교육과정에서는 배운 내용과 관련한 생활 속 문제에 대한 자신의 생각을 과학적인 근거에 기초해 논리적으로 표현할 수 있도록 글쓰기 활동을 제시하고 있다.

과학 글쓰기는 교육과정에서 다양한 형식으로 행해지고 있다. 그중 많이 쓰는 형식은 탐구 실험 보고서(수행평가 및 실험 수업), 자유 탐구 보고서, 융합 탐구 보고서(교내 대회 및 교육청 과학 대회), 산출물 보고서(영재교육원) 등이다. 게다가 교육부의 2028학년도 대입 개편안에 따르면, 단순 지식의 암기를 확인하는 시험 형식에서 벗어나 학생의 역량과 사고력을 평가하기 위해 오는 2025학년도부터 고등학교에서 서·논술형 내신 평가를 확대한다고 한다. 더 이상 과학 글쓰기, 과학적 문제해결력과 과학적 사고력 등의 과학 역량을 기르는 일을 미루면 안 되는 때가 된 것이다.

하지만 서·논술형 평가에 필요한 과학 역량과 논리적인 표현력을 바탕으로 한 과학 글쓰기 능력은 단기간에 기르기 쉽지 않다. 게다가 서·논술형 평가는 아이들이 대부분 어려워한다. 학년이 올라갈수록 난도도 더욱 높아진다. 따라서 뒤늦게 준비하면 필요한 능력을 기르기도 어려울뿐더러 그 과정에서 꽤 많이 고생하게 될 것이다. 그러니 시간적 여유가 많고 지필평가가 없는 초등 시기부터 스스로 생각하는 힘을 기르고, 자기 생각을 글로 표현하는 연습을 꾸준히 할 필요가 있다. 과학 글쓰기를 위해 별도의 학원을 다니지 않고 아이들의 교육과정 안에서 부담 없이 할 수 있는 몇 가지 방식을 소개하겠다.

과학 교과서를 활용한 글쓰기

초등 3~4학년 국어 쓰기 영역에서 체험 학습 보고

서, 과학 실험 보고서, 조사 보고서 등의 보고하는 글쓰기를 다룬다. 초등 3학년 과학부터 실험관찰 책에서 실험 보고서를 작성하고, 수행평가로 '동물의 한살이', '식물의 한살이' 등의 관찰 보고서를 작성하는 과학 글쓰기를 한다. 따라서 아이가 배우고 있는 과학 교과서를 활용한다면 과학 글쓰기와 과학 복습 두 가지를 모두 챙길 수 있게 된다. 나 역시 초등 3학년 자녀와 함께 여름방학 동안 1학기에 배운 과학 교과서로 복습하며 과학 글쓰기를 함께 했다. 먼저 단원과 연계한 도서를 함께 읽고 교과서에서 배웠던 과학 개념어와 정의를 넣어 쓰게 했다.

초등 중학년이 되면 대다수의 부모가 독서 지도를 그만두고 오롯이 아이에게만 맡겨 둔다. 하지만 이때가 가정에서 독서 지도에 가장 신경을 써야 할 때라는 걸 명심하자. 인지·발달 심리학자인 레프 비고츠키Lev Vygotsky는 "교육이 발달을 선도한다"고 말하며, 교육과 발달에 관한 여러 가지 개념과 이론을 제시했다. 아이가 읽을 수 있는 수준보다 조금 더 높은 수준의 과학 책을 함께 읽고 대화하고 생각을 나누고 피드백을 주고받는 언어적 상호작용이야 말로 가장 좋은 독서이자 글쓰기 능력을 키우는 방법이다. 이 외에도 교과 연계 도서를 부모와 함께 읽고 책 속에서 궁금한 부분에 대해 각자 2~3개씩 퀴즈를 만들어 함께 답 찾아보기, 교과서에서 배운 개념어가 나오는지 확인하고 적어 두기, 수업에서 배우지 않은 새로운 내용 찾아보기 등 책과 교과서를 활용할 수 있는 방법은 많다. 간단하지만 효과 좋은 방법들이다.

✦ 교과 연계 독서 후 글쓰기

과학 교과서	초등 4학년 <자석의 이용> 단원
연계 도서	『자석 삼킨 강아지』 프란치스카 비어만 | 주니어김영사 | 2016. 07.
내용	읽은 날짜: 00년 0월 0일 * 가장 인상 깊었던 장면을 그림으로 나타내고 인상 깊은 이유를 써 봅시다. 충격! 어린 강아지가 은행 강도를 잡다. 어제 오후 자석을 삼킨 강아지가 누나와 함께 아이스크림을 먹고 있었다. 은행에서 은행 강도가 돈을 빼앗아 달아났다. 자석 삼킨 강아지가 돈이 든 가방에 붙었다. (생략)

✦ 교과 연계 독서 후 퀴즈 만들기

과학 교과서	초등 3학년 <힘과 우리 생활> 단원
연계 도서	『슈퍼맨과 중력』 김성화 외 | 토토북 | 2022. 01.
내용	Q. 책표지를 보고 어떤 내용인지 상상해 볼까요? Q. 지구에 중력이 없다면 무슨 일이 일어날까요? Q. 지구보다 중력이 더 큰 행성에서는 어떤 일이 벌어질까요?

과학 교과서	초등 3학년 <생물의 한살이> 단원
연계 도서	『모기가 할 말 있대!』 하이디 트르파 | 길벗어린이 | 2016. 06.
내용	Q. 암컷 모기와 수컷 모기는 어떤 점이 다른가요? Q. 과학 시간에 배운 내용을 바탕으로 모기의 한살이에 대해서 설명해 주세요. Q. '모기'와 관련된 속담 하나를 찾아서 뜻과 함께 써 주세요.

범교과 학습 주제를
활용한 글쓰기

글을 쓰기 위해서는 재료가 필요하다. 글쓰기의 재료로 아이가 학교에서 보고 듣고 배우고 온 모든 것을 활용하자. 아이 학교의 연간학사 일정이나 주간학습 안내표에서 '통일 교육, 성폭력 예방 교육, 장애 인식 교육, 독도 교육, 민주시민 교육' 등의 주요 행사가 적혀 있는 것을 본 기억이 있을 것이다. 이처럼 교육과정에서 정한 교과 외 교육을 '범교과'라고 부른다.

교육부에 따르면 범교과 학습 주제는 국가·사회적으로 요구되는 학습 내용이자, 여러 교과의 경계를 가로지르는 종합적이고 통합적인 학습 주제다. 2015개정 교육과정에서 정한 범교과 학습 주제는 10개로, 이는 2022 개정 교육과정에서도 동일하다.

안전·건강 교육, 인성 교육, 진로 교육, 민주시민 교육, 인권 교육, 다문화 교육, 통일 교육, 독도 교육, 경제·금융 교육, 환경·지속가능발전 교육

아이들이 집으로 가져오는 범교과 학습 주제에 관한 교육 자료를 버리지 말고 잘 모아 두면 나중에 자료 찾는 수고를 덜 수 있다. 이 자료는 교사들이 교육과정에 근거해 만든 자료이기 때문에 그 어떤 자료들보

다 양질이다. 자녀와 함께 자료를 읽어 보는 것만으로도 배경지식을 넓히고 관련 어휘를 익힐 수 있다. 특히 범교과 주제 중에서 '환경·지속가능발전 교육' 주제는 과학 과목뿐만 아니라 전 세계적으로 중요한 문제이기 때문에 학교에서 제공되는 다양한 자료를 읽는 것만으로도 큰 도움이 된다.

다음은 '환경·지속가능발전 교육'이라는 주제로 교과서와 뉴스에 자주 등장하는 키워드다.

> 저출산 고령화 사회, 인구절벽, 세대차이, 물 부족, 탄소 중립, 물 발자국, 기후위기, 극한 호우, 폭염, 에너지 절약, 신재생에너지, 쓰레기 섬, 미세먼지, 미세플라스틱, 친환경 농업, 로컬푸드, GMO, 환경오염, 생명 존중, 감염병, 태풍, 가뭄, 지진, 홍수

이 키워드로 글 쓰는 연습을 하자. 정확한 개념을 넣어 논리적으로 글 쓰는 능력을 기를 수 있다. 이는 수행평가에서 필요한 능력으로, 서·논술형 수행평가라고 해도 채점 기준이 존재하며 반드시 문제에서 요구하는 키워드가 들어가야 높은 점수를 받을 수 있다. 짧은 문장부터 시작해 서서히 글쓰기에 적응해 가자. 초등학생 때부터 키워드를 넣어 한 문장 쓰기부터 세 문장 쓰기, 긴 글 쓰기 순서로 연습하기 바란다.

세 문장 쓰기까지는 쓰기 쉽기 때문에 글쓰기를 처음 시작하는 아이가 하기에 부담이 없고 지속성이 높다. 실제로 한 문장 쓰기, 세 문장 쓰

기로 글쓰기에 자신감이 붙은 아이들이 긴 글도 거침없이 쓰는 모습을
보였다. 다음은 미세먼지를 주제로 한 문장 쓰기, 세 문장 쓰기, 긴 글 쓰
기를 한 예시다.

✦ 한 문장 쓰기

	미	세	먼	지	는		크	기	가		매	우		작	아	서	
숨		쉴		때		코	나		입	으	로		들	어	간		입
자	가		몸	속	의		폐	까	지		들	어	갈		수		있
다	.																

✦ 세 문장 쓰기

	미	세	먼	지	는		너	무		작	아	서		콧	구	멍	의
코	털	과		점	막	에	서		거	를		수		없	고	,		한
번		들	어	오	면		밖	으	로		내	보	낼		수	도	
없	다	.															
	공	기	와		함	께		몸	속	에		들	어	온		미	세
먼	지		때	문	에		눈	과		피	부	가		따	갑	고	
가	려	워	지	고		숨		쉬	기	가		불	편	하	다	.	
	미	세	먼	지	가		많	은		날	에	는		'	K	F	'
가		쓰	여		있	는		마	스	크	를		써	야		한	다 .

✦ 긴 글 쓰기

	사	람	들	이		생	활	하	는		데		필	요	한		물
건	을		만	들	고	,		자	동	차	가		움	직	이	고	,	공
장	이		돌	아	가	기		위	해	서		에	너	지	가		필

요하다. 현재 많은 나라에서 석탄이나 석유 같은 화석 연료를 사용해 에너지를 만드는데 이때 미세먼지가 많이 발생한다. 인간이 편리해지기 위해 화석 연료를 사용하면 할수록 공기를 오염시키고 미세먼지도 더 많아진다. 미세먼지는 우리 같은 어린이들에게 더 해롭다. 어린이는 어른보다 숨을 훨씬 자주 쉬기 때문에 몸속으로 미세먼지가 더 많이 들어오고, 면역력이 약하기 때문이다.

따라서 미세먼지가 많은 날에는 외출하지 않는 것이 가장 좋지만 만약에 미세먼지가 심한 날 밖에 나갔다 들어왔다면 입은 옷은 바로 벗어 빨래 통에 넣고 비누를 이용해서 깨끗하게 씻어야 한다. 미세먼지를 덜 만들기 위해 우리도 노력을 해야 한다. 플라스틱 컵, 빨대, 비닐봉지 등 일회용품 사용을 줄이고 음식을 남기지 않아야 한다. 그리고 자동차보다는 걷거나 자전거를 이용하고, 사용하지 않는 전기 코드는 빼 두어야 한다.

뉴스나 신문을
활용한 글쓰기

뉴스와 신문은 최신 과학 기술과 과학 교육과정에서 배우는 원리나 법칙들이 실제 우리 생활과 어떻게 연결되는지를 배우기에 아주 좋은 매체다. 교과서에서는 어렵게만 느껴졌던 과학이 생활과 밀접하게 연계되어 있다는 것을 깨칠 수 있기에 과학에 흥미가 없던 아이들도 조금씩 관심을 갖는다. 원래부터 과학에 흥미와 호기심이 많은 아이들은 지적 호기심을 채우며 더 깊은 관심으로 과학을 바라볼 수 있게 된다.

나는 종이 신문을 구독해 그날그날 신문에서 아이들과 함께 읽어 볼 만한 기사를 따로 스크랩한다. 그리고 저녁밥을 먹을 때 "엄마가 오늘 신문에서 봤는데" 하고 운을 떼면서 그날 본 기사의 한 토막을 들려준다. 아이들이 흘려들을 때도 있지만 관심을 보이면 바로 스크랩한 신문을 건네 읽어 보게 한다. 그다음은 기사와 관련된 이야기를 나누는 것만으로도 충분하다.

하지만 조금 더 욕심을 내고 싶다면 신문에서 과학과 연관된 기사를 읽을 때 글쓰기를 해 보는 것도 괜찮다. 나의 경우에도 과학과 연계된 기사는 글쓰기를 하고 있다.

[예시]

창어 6호, 세계 첫 달 뒷면 샘플 채취 성공… 지구 귀환 중

경향신문, 2024년 6월 4일

지구에 사는 우리는 달의 앞면만 본다. 그런데 창어 6호가 달 뒷면에 착륙했다. 인류는 그동안 열 차례에 걸쳐 달 표면 샘플 채취에 성공했지만 모두 달 앞면에서만 진행했다. 달 뒷면은 지역이 험해 착륙하기 어렵기 때문이다. 그런데 창어 6호는 달 뒷면에 착륙해 토양을 채취해 지구로 돌아오고 있다. 참 놀랍다.

귀환: 돌아옴

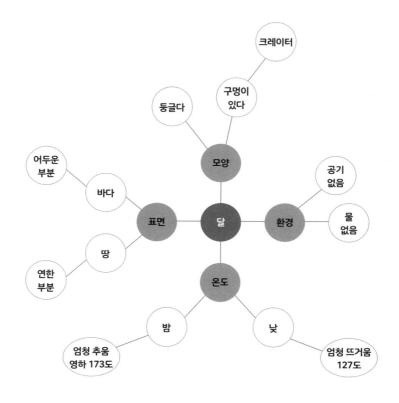

매일 기사를 읽고, 스크랩하고, 아이와 대화를 나누는 일이 벅차다면 신문이나 뉴스에서 자주 접하는 날씨만이라도 함께 살펴보기 바란다. 날씨는 초·중·고 과학과 모두 연계된다. 계절별 날씨, 오늘의 날씨, 지역별 날씨, 최고 기온과 최저 기온, 해 뜨는 시각과 해 지는 시각, 만조와 간조 시간, 바다의 풍향과 풍속 등 신문이나 뉴스에서 비중은 아주 작지만 과학, 사회 시간에 배우는 개념과 정보가 가득한 부분이다. 아이와 함께 날씨 관련 기사를 보고 '오늘 우리 지역의 날씨'에 대해 같이 이야기를 나눠 보자. 직접 기상캐스터가 되어 날씨를 설명하며 발표력을 기를 수도 있다. 6학년 과학에서 배우는 <계절의 변화>와 연계해 해 뜨는 시각과 해 지는 시각으로 낮의 길이를 조사하고, 계절을 알아보는 활동도 할 수 있다.

과학 교과
연계 도서

교과와 연계해 책을 읽고 싶은데 무슨 책부터 읽어야 할지 막막한 적이 있을 것이다. 그래서 2022 개정 교육과정과 연계되며 과학에 대한 흥미를 키우고, 선수 학습과 후속 학습에 도움이 되는 책을 엄선해 소개한다. 교사의 전문적인 안목으로 선별한 책, 엄마로서 아이의 교육을 위해 직접 읽고 고른 책이니 반드시 참고하기 바란다.

✦ 3학년

학기	단원	제목	저자	출판사	선수/후속
1	힘과 우리 생활	슈퍼맨과 중력	김성화 외	토토북	초6, 중1
		생쥐들의 뉴턴 사수 작전	박병철	한솔수북	초6, 중1
	동물의 생활	청딱따구리의 선물	이우만	보리	초3, 초4
		드넓은 육지에는 누가 살지?	누리아 로카	문학동네	중1
	식물의 생활	과학 탐정스 2	조인하	미래엔아이세움	초3, 초4
		씨앗에서 숲까지 식물의 마법 여행 1	권오길	지구의아침	초6
	생물의 한살이	여름이네 병아리 부화 일기	최덕규	창비	초3, 초4
		나는 3학년 2반 7번 애벌레	김원아	창비	초5
		배추흰나비 알 100개는 어디로 갔을까?	권혁도	길벗어린이	초6
2	물체와 물질	빗방울 이야기	입 스팡 올센	진선아이	초5
	지구와 바다	46억 년의 비밀, 생명을 살리는 지구	김태영	뭉치	초5
		DK 바다가 궁금해!	제스 프렌치	청어람아이	중3
	소리의 성질	초등과학Q 3 빛과 소리의 세계	김경희	그레이트북스	중2
		외계인 캬캬의 지구 소리 보고서	예영	미래엔아이세움	중2
	감염병과 건강한 생활	후덜덜 세상을 떨게 한 감염병 이야기	토메크 자르네츠키	토토북	중3
		사람 살려, 감염병 꼼짝 마!	지태선	다른매듭	중3

✦ 4학년

학기	단원	제목	저자	출판사	선수/후속
1	자석의 이용	밀당의 고수 자석맨, 자석이 뭐야?	김재혁	크레용하우스	초6
		자석 삼킨 강아지	프란치스카 비어만	주니어김영사	중2
	물의 상태변화	우리는 물이야	이정모	아이들은 자연이다	초3
		과학 탐정스 1	조인하	미래엔아이세움	중1
	땅의 변화	돌고 돌아 돌이야	조승연	시공주니어	초5
		지진의 정체를 밝혀라!	박지은	키위북스	중2
	다양한 생물과 우리 생활	꼬물꼬물 세균대왕 미생물이 지구를 지켜요	김성화 외	풀빛	중1
		미생물투성이책 1~2	백명식	파랑새	중1

2	밤하늘 관찰	어린왕자가 사랑한 지구의 달	정관영	상상의집	초6
		달에서 봤어	김성화 외	토토북	중1
		나는 화성 탐사 로봇 오퍼튜니티입니다	이현	만만한책방	중2
	생물과 환경	대왕고래의 마지막 노래	린 브루넬	봄의정원	중1
		과학은 쉽다! 7	박지은	비룡소	
	여러 가지 기체	용선생의 시끌벅적 과학교실 16 기체	김영은 외	사회평론	중1
		보일이 들려주는 기체 이야기	정완상	자음과모음	중1
	기후변화와 우리 생활	뜨거운 지구	애나 클레이본	푸른숲주니어	중3
		찌푸린 지구의 얼굴 지구 온난화	허창회	풀빛	중3
		꿀벌이 멸종할까 봐	김영호	위즈덤하우스	중3

✦ 5학년

학기	단원	제목	저자	출판사	선수/후속
1	지층과 화석	땅속을 뚫고 들어간 돼지	백명식	내인생의책	중2
		스미스가 들려주는 지층 이야기	김정률	자음과모음	중2
	빛의 성질	빛	월터 윅	소년한길	중2
		잃어버린 거울	김채린	고래뱃속	중2
	용해와 용액	LIVE 과학 기초화학 54	박성일	천재교육	중2
	우리 몸의 구조와 기능	과학은 쉽다! 3	김정훈	비룡소	중2
		별똥별 아줌마가 들려주는 몸 이야기	이지유	창비	중2
2	혼합물의 분리	달콤 쌉쌀한 설탕의 진실	김은의	풀과바람	중2
		뿅뿅 방귀도 혼합물이야!	이정모	웅진주니어	중2
	날씨와 우리 생활	날씨를 바꾸는 요술쟁이 바람	허창회	풀빛	중3
		내 이름은 태풍	이지유	웅진주니어	중3
	열과 우리 생활	용선생의 시끌벅적 과학 교실 29 온도와 열	사회평론 과학교육 연구소	사회평론	중1
		오르락내리락 온도를 바꾸는 열	임수현	웅진주니어	중1
	자원과 에너지	미래 에너지 쫌 아는 10대	이필렬	풀빛	중2
		빛공해, 생태계 친구들이 위험해요!	강경아	와이즈만북스	중3

✦ 6학년

학기	단원	제목	저자	출판사	선수/후속
1	산과 염기	시큼시큼 미끌미끌 산과 염기	김희정	아르볼	중3
		용선생의 시끌벅적 과학 교실 8 산과 염기	이현진 외	사회평론	중3
	물체의 운동	라그랑주가 들려주는 운동 법칙 이야기	송은영	자음과모음	중3
	식물의 구조와 기능	세포가 뭐예요?	살바도르 마시프	아름다운사람들	중1
		파브르에게 배우는 식물 이야기	노정임	철수와영희	중2
	지구의 운동	어린왕자가 사랑한 지구의 낮과 밤	정관영	상상의집	중1
		지구가 빙글빙글	G. 브라이언 카라스	비룡소	중2
2	계절의 변화	어린왕자가 사랑한 지구의 사계절	정관영	상상의집	중1
		공기를 느껴 봐, 태양을 느껴 봐	이자벨 미뇨스 마르팅스	원더박스	중2
	물질의 연소	엉뚱하지만 과학입니다 2	원종우	와이즈만북스	중3
	전기의 이용	처음 읽는 전자기학	세다드 카이드-살라 페론	두레아이들	중2
		전기와 자기	박병철	휴먼어린이	중2

작은 성공이 쌓여 만드는 큰 성취감

스탠퍼드대학교 심리학과 캐롤 드웩Carol Dweck 교수에 따르면, 마인드셋(Mindset, 사고방식)에는 성장과 고정 두 가지 종류가 있다. 성장 마인드셋을 가진 사람은 노력과 학습을 통해 발전과 성장이 가능하다고 여기고, 고정 마인드셋을 가진 사람은 자신의 능력과 한계가 정해져 있다고 여긴다. 학습적인 측면에서 보면, 성장 마인드셋을 가진 아이는 고정 마인드셋을 가진 아이보다 자기효능감(Self-efficacy, 과제를 마치고 목표에 도달할 수 있는 자신의 능력에 대한 스스로의 평가)이 높기에, 목표를 달성하기 위해 꾸준히 노력하고, 그 노력이 다시 높은 학업 성취를 일으켜 성장 마인드셋이 더 커진다.[6]

중학생 아이들을 10년 넘게 가르치며 지켜본 결과, 마인드셋이 과목에 대한 흥미와 학업 성취에 큰 영향을 미친다는 사실을 깨달았다.

"암기할 게 많아."

"그 과목은 어려워."

"정답이 아닐 수 있으니까 발표는 하지 말아야지."

"내가 공부한 데서 시험 문제가 나오지 않을 거야."

고정 마인드셋을 가진 아이는 공부하기 망설이고, 수업에 참여하지 않으려는 모습을 보인다. 작은 실패에도 민감하게 반응하고 실패의 원인을 스스로가 극복할 수 없는 부분에서 찾으려고 한다. 이런 아이는 '틀려도 괜찮아'라고 격려하고, 칭찬하고, 기다려 줘야 한다. 시간이 오래 걸려도 서서히 마음을 열고 참여하고 도전하기 때문이다. 그래서 나는 이 장의 마지막에서 초등 자녀와 함께 과학 공부를 시작하는 부모들에게 성장 마인드셋을 키우는 방법을 말해 주려고 한다.

자기효능감-학업 성취-성장 마인드셋의 선순환

노력과 자기효능감이 동력이 되어 성취를 경험한 적이 있는 아이들은 그 순간을 잊지 못한다. 힘들어도 다시 또 노력해서 이루려고 하는 '자기효능감-학업 성취-성장 마인드셋' 선순환 사이클이 형성된 것이다.

성취감을 느끼기 위해 큰일을 해낼 필요는 없다. 일상생활에서의 작은 성공 경험을 통해 성취감을 반복 경험하며 누적시키는 게 중요하다. 리코더 수행평가를 위해 작은 손으로 구멍을 막고 열며 열심히 연습해 하나의 곡을 연주한 경험, 연속해서 줄넘기 2단 뛰기를 성공한 경험, 훈련을 게을리하지 않고 태권도 1품을 딴 경험. 그 작은 성공 경험들이 쌓여 성장 마인드셋의 씨앗이 되는 것이다.

과목에서 성공 경험을 맛보려면 교내 대회나 교육청 대회, 각종 온·오프라인 교육 프로그램에 참가하는 것도 좋은 방법이다. 과학 과목과 관련해서는 매년 4월 과학의 달을 맞아 학교를 비롯한 여러 곳에서 '과학의 날' 행사를 한다. 다양한 프로그램과 참여 종목이 있으니 아이가 관심 있어 하는 분야에 참가해 보기를 권한다.

수상을 하지 않더라도 대회를 준비하는 과정 자체, 그 과정에서 새롭고 다양한 친구들을 만나는 것만으로도 아이에게는 큰 경험이 될 것이다. 대회 관련 소식은 학교 안내물과 하이클래스, e알리미 등의 앱에 올라오는 학교, 교육청의 가정통신문에서 바로 확인할 수 있다. 각종 참여형 교육 프로그램도 볼 수 있다. 프로그램들이 알차고 교사의 질이 우수하므로 가정통신문을 꼼꼼하게 살펴보자.

나도 아이들 학교에서 사용하는 앱을 통해 알게 된 온라인 교육 프로그램을 아이에게 설명해 주고 관심 있어 하는 것들은 신청해서 듣게 했다. 각종 대회에 참가해서 상도 받았다. 예전보다 초등학교 교내 대회가 활성화되어 있지 않기 때문에 상을 받는 기쁨과 즐거움을 얻을 수 있는 기회들을 찾아보는 것도 좋다. 아이들 역시 그런 기회가 있으면 망설이지 않고 참가하겠다고 말할 것이다. 초등학교 때부터 대회에 참가해 나만의 성공 스토리를 만들어 본 아이들은 중·고등학교에 진학한 후에도 망설임 없이 도전하고, 생기부에 차곡차곡 기록을 쌓아 간다. 스토리텔링이 쌓일수록 좋은 생기부가 만들어진다.

과학, 수학, 정보, 발명 분야 등에 흥미를 보인다면

교내 영재학급이나 교육청 또는 대학 부설 영재교육원에 지원해 보는 것도 좋다. 영재만 지원한다는 편견을 버려라. 시험을 준비하고 응시해 보는 경험, 동급생 외 새로운 친구, 선배들과 협력하고 의사소통하는 경험의 장으로 활용할 수 있다. 나도 그런 의미에서 큰아이가 초등학교 4학년 때 단위 학교(일반적으로 말하는 개별화된 학교를 의미) 영재학급에 지원해 보기를 권했다. 처음 해 보는 영재학급 입급을 위한 서류 준비와 영재성 검사는 아이에게 새로운 자극이 되었고, 단위 학교 영재학급 융합과정에 합격했다.

큰아이가 합격한 학교의 영재학급은 1단계 서류 전형, 2단계 영재성 검사(필기 시험) 과정으로 초등 4~5학년 총 20명의 학생을 선발한다. 공고문에서 1단계 서류 전형은 온라인으로 접수하고 2단계 영재성 검사는 90분 동안 진행된다는 내용을 확인한 뒤 시중에 있는 문제집 한 권을 구해 1~2회 정도 풀어 보도록 했다. 아무래도 출제 경향을 알면 새로운 문제를 보고 답안을 작성할 때 당황하지 않기 때문이다. 시중 영재성검사 문제집을 보면 어떤 유형이 나오는지 확인이 가능하니 아이가 지원을 원하는 분야의 문제집을 한 권 정도 구입해서 풀어 보면 좋다. 문제집을 처음부터 끝까지 다 풀 필요는 없다. 경향 파악을 위해 1~2회 분량 정도면 충분하다.

영재학급 영재교육원 합격대비 1031 영재성검사 3,4학년	시매쓰수학연구소	시매쓰출판
영재성검사 창의적 문제해결력 모의고사 초등 5~6학년	안쌤 영재교육연구소 외	시대교육
SW 정보영재 영재성검사 창의적 문제해결력 모의고사 초등 5~중등 1학년	안쌤 영재교육연구소	시대교육

'우리 아이는 영재가 아닌데?' '특출한 아이들만 가는 곳이잖아!' 이런 생각으로 아이의 가능성을 재단하며 기회를 놓치지 말았으면 좋겠다.

매년 9월 초 이후 입학 공고가 올라오는 대학 부설 영재교육원에도 나와 아이는 지원해 보기로 했다. 집과 가장 가까운 한 군데를 선택해 '교사관찰추천' 전형으로 '과학 융합 심화과정'에 지원했다. 차근차근 1차 서류를 준비했고, 합격 발표 후 3일 뒤에 2차 전형인 면접에 들어갔다. 면접에서는 과학 탐구 실험을 계획하는 문제와 함께 자기소개서를 바탕으로 한 질문이 이어졌는데, 아이는 당황하지 않고 차분하게 말을 하고 나왔다고 했다. 학교 공부와 영재학급 산출물 준비를 병행하느라 힘들었지만 그래도 2차까지 순탄하게 왔기에 합격에 대한 기대가 컸다.

하지만 아쉽게도 최종 합격을 하지는 못했다. 속상한 마음이 없다고 는 하지 않겠다. 그러나 아이들은 부모들의 생각보다 강하다. 큰아이 역시 아쉽고 속상한 마음을 내비쳤지만, 자기소개서를 준비하고 교수님 앞에서 떨지 않고 면접을 본 경험이 나중에 큰 도움이 될 것이라고 되려 나를 위로했다. 시험 준비, 합격, 불합격 모든 경험은 배움이 된다. 그 배움이 부모와 아이를 성장시킨다.

영재교육기관에 지원할 때

영재교육 진흥법에 따르면 영재교육이란 영재를 대상으로, 각 개인의 능력과 소질에 맞는 내용과 방법으로 실시하는 교육을 말한다. 영재교육기관에는 영재학교, 영재학급 및 영재교육원이 있다.

영재학급	「초·중등교육법」에 따라 설립·운영되는 고등학교 과정 이하의 각급 학교에 설치·운영하여 영재교육을 실시한다
영재교육원	영재교육을 실시하기 위해 「고등교육법」 제2조에 따른 학교(이에 준하는 학교로서 다른 법률에 따라 설치된 학교를 포함)에 설치·운영되는 부설 기관이다 • 교육청 부설 영재교육원, 대학 부설 영재교육원 • 분야별: 과학, 수학, 정보, 융합, 예술, 발명 등 • 수준별: 기초, 심화, 사사 과정
영재학교	영재교육을 위해 영재교육진흥법에 따라 지정되거나 설립되는 고등학교 과정 이하의 학교. 우리나라에는 총 8개의 영재학교가 있다

초등학생이 지원할 수 있는 영재학급, 영재교육원마다 전형이 다르다. 영재학급이나 영재교육원에 도전해 보고 싶다면 가장 먼저 해야 할 일은 전형 방법을 숙지하는 일이다. 교육청이나 학교에서 발송한 영재교육기관 입학 전형을 관심 있게 보고 아이의 성향에 따라 지원할 곳을 리스트업해 두자.

지원 전에는 미리 홈페이지를 방문해야 한다. 영재교육기관마다 요구하는 서류와 전형 방법이 다르므로 미리 알아 두고 준비하는 게 좋다. '영재교육종합데이터베이스(ged.kedi.re.kr)'에서 영재교육기관의 선발 공고 및 영재교육과정에 대한 모든 것을 찾아볼 수 있다.

영재성 검사, 지원서, 자기소개서, 교사추천서, 면접 등의 과정을 통해 1~2차 전형 방법으로 선발하는 것이 일반적이지만 지원하고자 하는 영재교육기관마다 요구하는 것이 모두 다르다. 영재성 검사를 보는 곳이 있다면 평상시 지원 분야와 관련한 독서와 문제해결력이 중요하게 작용하기 때문에 관심 분야의 깊이 있는 독서를 해 두기 바란다. 자기소개서의 경우 '지원한 동기, 자녀가 지원하고자 하는 분야에서 가장 관심 있는 주제, 지원 분야에서 지금까지 한 주요 활동, 증빙 자료(보고서 및 활동 사진 등)'를 요구한다. 따라서 자녀의 성향과 관심 분야를 지속적으로 관찰하고, 관련해 다양한 활동을 꾸준히 하고, 증빙 자료를 모아 두면 나중에 자기소개서 작성할 때 도움이 된다.

마지막으로, 영재교육기관에 지원할 때는 부모의 도움이 필요한 영역이 있고, 아이 스스로 준비해야 하는 영역이 있다. 예를 들면 입학 서류,

생기부, (영재교육기관에 재학한 경우) 수료 증명서 등은 부모가 도와줘야 하는 부분이다. 서류는 작성도, 확인도 꼼꼼히 해야 하는 일이다. 증명서나 기록을 떼고 준비하는 일은 유경험자인 부모가 도와주는 것이 좋다. 추천서는 영재교육기관뿐만 아니라 영재고나 과학고 입시에서도 필요하다. 수학과 과학 과목 교사, 담임 교사들이 아이들의 부탁으로 추천서를 작성한다. 그만큼 중요하고 자주 쓰이는 만큼 추천서는 부모가 아닌 아이 스스로 최대한 예의를 갖춰 교사에게 부탁하는 게 좋다.

가끔 가다 시류에 휩쓸려 '나도 과학고 한번 써보지'라는 마음으로 아무런 데이터 없이 추천서를 부탁하는 아이들도 있다. 하지만 아무리 1년 동안 아이를 가르친다고 해도 아이와 만나는 기간은 7~8개월 남짓이다. 그 전에 아이가 어떤 활동을 했고, 어떤 평가를 받았는지 모른다. 그렇기에 추천서를 요청할 때는 생기부, 자기소개서를 함께 가져오는 게 좋다. 아이를 잘 아는 교사에게 추천사를 부탁하는 방법도 있다. 실제로 영재학교에 입학한 제자의 경우 추천서를 수학 교사나 과학 교사가 아닌 전년도 담임 교사에게 부탁했다. 1년 동안 아이의 성장 과정을 지켜봤기 때문에 누구보다 추천서를 잘 써 주었을 것이다.

PART2

중등 편:

통합과학 스킬업

한눈에 보는
중등 과학

앞서 초등 편에서도 언급했지만, 2024년부터 2027년까지 연차적으로 2022 개정 교육과정이 적용된다. 학년에 따라 적용되는 교육과정이 달라지기에 혼란스러운 부분이 있지만, 중학교의 경우 2025년을 기준으로 전에 입학한 아이들은 2015 개정 교육과정, 이후에 입학한 아이들은 2022 개정 교육과정을 따른다고 생각하면 훨씬 쉽게 이해될 것이다.

	1학년	2학년	3학년
2025년	2022 개정 교육과정		
2026년	2022 개정 교육과정		
2027년	2022 개정 교육과정		

[2015 개정 교육과정]

학년	1학년	2학년	3학년
단원	지권의 변화[d] 여러 가지 힘[a] 생물의 다양성[c] 기체의 성질[b] 물질의 상태변화[b] 빛과 파동[a] 과학과 나의 미래[e]	물질의 구성[b] 전기와 자기[a] 태양계[d] 식물과 에너지[c] 동물과 에너지[c] 물질의 특성[b] 수권과 해수의 순환[d] 열과 우리 생활[a] 재해·재난과 안전[e]	화학반응의 규칙과 에너지 변화[b] 기권과 날씨[d] 운동과 에너지[a] 자극과 반응[c] 생식과 유전[c] 에너지 전환과 보존[a] 별과 우주[d] 과학기술과 인류 문명[e]

[2022 개정 교육과정]

학년	1학년	2학년	3학년
단원	과학과 인류의 지속 가능한 삶[e] 생물의 구성과 다양성[c] 열[a] 물질의 상태변화[b] 힘의 작용[a] 기체의 성질[b] 태양계[d]	물질의 특성[b] 지권의 변화[d] 빛과 파동[a] 물질의 구성[b] 식물과 에너지[c] 동물과 에너지[c] 전기와 자기[a] 별과 우주[d]	화학반응의 규칙성[b] 날씨와 기후변화[d] 수권과 해수의 순환[d] 운동과 에너지[a] 자극과 반응[c] 생식과 유전[c] 재해·재난과 안전[e] 과학과 나의 미래[e]

※ a: 운동과 에너지, b: 물질, c: 생명, d: 지구와 우주, e: 과학과 사회

이런 표를 대충 보고 넘기는 사람이 많다. 하지만 단원 구성은 과학 공부 핵심과 연결될 뿐 아니라 아이의 내신에 있어서도 반드시 숙지하고 있어야 할 중요한 부분이다. 꼼꼼히 살펴봐야 한다.

과학 과목에 한해 두 교육과정의 차이를 보면, 2022 개정 교육과정의 주요 특징은 운동과 에너지(물리), 물질(화학), 생명(생명과학), 지구와 우주(지구과학)의 영역별 경계가 느슨해졌다는 점이다. 개정 전에는 영역별로 여덟 단원씩 구성되었으나 초등학교와 중학교에서 다루는 개념

의 위계성과 연계성을 고려해 단원을 이동하거나 축소했다. 그리고 통합적인 주제를 다루는 '과학과 사회' 영역이 신설되었다. 이 단원의 특징은 다른 과목과 연계 학습이 가능하다는 점이다. 예를 들어, 과학 과목에서 배우는 기후변화를 사회 과목에서도 배우기에 서로 연계 학습을 할 수 있게 교육과정이 개편되었다.

중 2학년 <물질의 구성> 단원에는 화학 주기율표가 추가되었다. TIMSS(Trends in International Mathematics and Science Study, 수학·과학 성취도 추이 변화 국제 비교연구) 2019 평가틀에 추가된 주기율표 의미와 특성 등을 반영한 것이다. 중 3학년 <날씨와 기후변화> 단원에는 대기 대순환이, <수권과 해수의 순환> 단원에는 대기 대순환과 해양 표층 순환과의 관계, 해류 내용이 추가되었다. 그에 따라 기후변화에 대한 기본 개념을 제대로 알아야 한다.

시험의 굴레로
걸어 들어갈 때

중학교와 초등학교의 가장 큰 차이를 꼽는다면, 지필평가를 보는 것이다. 중학교 내신 평가 안에는 두 개의 큰 축인 지필평가와 수행평가가 있다. 그중 초등학교에서부터 경험해 온 수행평가는 과정 중심 평가이기에 아이들이 크게 동요하지 않지만, 점수를 수치화하는 지필평가는 다르다. 처음 치르는 시험, 처음 보는 점수에 실망감을 느끼고, 시험을 거듭할수록 원하는 점수를 달성하지 못해 좌절하고 방황하는 아이들이 늘어난다. 그래서 이번 장에서는 먼저 평가 경향을 살펴보려고 한다. 학년별로 나누어 살펴보면 중학교 학습 계획을 세우는 데 있어, 그리고 중등 과학을 공부하는 데 있어 큰 도움이 될 것이다.

중 1학년

올해부터 한 학기는 자유학기제, 한 학기는 일반 학기제로 운영된다. 한 학기는 지필평가를 보지 않고 수행평가로만 성적이 반영되고, 한 학기는 지필평가를 보고 그 점수와 수행평가 성적이 둘 다 반영된다. 그래서 1학년 때는 처음 보는 지필평가와 중학교 첫 성적인 학업 성취도 두 가지를 신경 써야 한다.

먼저 학업 성취도부터 살펴보자. 지필평가를 보지 않는 자유학기제에서는 수행평가로만 성적이 산출된다. 따라서 생기부의 세부능력 및 특기사항(이하, 세특)에는 학업 성취도(A~E)나 원점수가 아닌 문장으로 세세하게 기록되고, 그것을 학기 말 성적표에서 확인할 수 있다.

"과학에 흥미와 관심을 가지고 있고 수업에 집중도가 높아 기본 학습을 성실히 수행함. 과학 분야의 독서도 많이 하여 일상생활에서의 상황들이 과학과 밀접한 관련이 있음을 잘 인식하고 있음. 특히 보일 법칙과 관련하여 잠수병에 의한 잠수부의 사망 원인과 우주에서 생활에 관한 탐구 파워포인트를 잘 만들어 조리 있게 설명함. (중략) **대륙이동설에서 판구조론이 나오기까지의 과정을 알고, 지진이나 화산활동을 판의 운동과 관련 지어 설명하는 것이 다소 부족함.** 지구 환경의 변화가 우리 생활에 미치는 영향과 이에 대한 대책을 설명할 수 있지만, **발표 및 모둠 수업에 소극적으로 참여하는 모습을 보임.**"

이처럼 아이의 학업 성취도를 정확히 알려 주지 않는 자유학기제 성적표에서는 아이가 무엇을 어려워하고 놓치고 있는지를 제대로 파악하기 어렵다. 예시로 든 성적표의 두 번째 단락을 함께 살펴보자. '대륙이동설에서 판구조론이 나오기까지의 과정을 알고, 지진이나 화산 활동을 판의 운동과 관련 지어 설명하는 것이 다소 부족함'이란 문장이 보일 것이다. 이는 해당 단원에 대한 공부가 미흡하다는 이야기고, 다음 후속 학습을 위해 보완이 필요하다는 의미다.

자유학기제에서는 아이의 학업 성취도를 객관적으로 파악해야 하는데, 그러기 위해서는 성적표에서 행간의 의미를 읽어 낼 줄 알아야 한다. 특히 '노력 요함, 다소 부족함, ○○한다면 성장이 기대됨' 등 에둘러 말하는 부분을 주의 깊게 살펴봐야 한다.

일반학기제에서는 지필평가를 본다. 중간고사와 기말고사를 모두 보는 학교도 있고, 기말고사만 보는 학교도 있다. 학교마다 평가 계획이 다르다. 학교에 따라 시험을 부르는 명칭도 다른데 흔히 중간고사를 1회 고사 또는 1차 고사, 기말고사를 2회 고사 또는 2차 고사라고 부른다. (이 책에서는 중간고사, 기말고사로 통일하겠다.) 그러나 지필평가 성적이 내신에 반영되는 점은 모든 학교가 동일하다. 중 1학년 일반학기에 지필평가를 한 번 보든, 두 번 보든 그 성적이 모두 고등학교 입학에 영향을 미친다는 사실은 변하지 않는다는 말이다.

자유학기제가 있다고 해도 중학교에 들어서는 순간부터 아이들은 학습과 성적의 부담에서 완전히 자유롭지 못하다. 그러므로 진로를 탐색

하고 자유로운 분위기에서 다양한 방식의 수업과 체험을 경험하는 자유
학기제의 장점은 최대한 누리되, 지필평가 준비를 해야 한다.

중 2학년

　　　　　　　　자유학기제를 즐기다 공부를 놓친 아이들은 2학
년에 올라와 멘탈이 붕괴된다. 특히 과학은 1단원부터 난관에 부딪친
다. 1학년 과학에 비해 2학년 과학이 어렵기 때문이다. 그것도 매우 많
이. 정신줄을 꽉 붙잡지 않으면 어려운 학습 내용과 더불어 빠른 진도에
허덕이다 코앞에 닥친 중간고사를 보고 좌절감에 빠진다.

　그런 아이들의 대다수가 과학은 운동과 에너지(물리), 물질(화학), 생명
(생명과학), 지구와 우주(지구과학) 영역마다 성격이 달라 어떻게 공부해
야 할지 막막하다고 하소연한다. 맞는 말이다.

　예를 들어 2015 개정 교육과정을 배우는 2학년은 1년간 총 아홉 단
원을 배운다. 진도 순서는 담당 교사마다 다르지만 대단원 순서대로 진
도를 나간다면 1학기에는 1단원 <물질의 구성>을 시작으로 2단원 <전
기와 자기>까지 배우고 중간고사를 보게 된다. 이때 중학교에 올라와
처음 배운 생소한 원소기호, 원자, 분자, 이온, 전류, 전하, 전압 등 눈에
보이지 않는 과학적인 개념을 어려워하는 아이들은 중간고사에서 상대
적으로 낮은 점수를 받는다. 기말고사는 3단원 <태양계>와 4단원 <식

물과 에너지>를 배운 뒤 치른다. 이 두 단원은 지구와 우주(지구과학), 생명(생명과학) 영역으로 암기량이 상대적으로 많다. 당연히 암기를 잘하는 아이들은 기말고사를 준비하는 데 수월할 것이다.

어려워진 학습 내용을 이해하며 따라가기도 벅차지만 학기별 지필평가와 수행평가를 모두 빠짐없이 잘 챙겨야 하는 학년이 2학년이다. 2학년에 올라가면 가장 먼저 계획서에서 평가 영역별 반영 비율을 반드시 확인해야 한다. 다음 표를 살펴보자.

평가 방법 (반영 비율)	지필평가(50%)		수행평가(50%)			합계	원 점수	성취도 (수강자 수)
	중간고사 (25%)	기말고사 (25%)	앙금 생성 반응 (20%)	전류, 전압, 저항의 관계 (20%)	달의 위상변화 (10%)			
학생1	96점 (24)	90점 (22.5)	100점 (20)	100점 (20)	100점 (10)	96.5	97	A (350)
학생2	85점 (21.25)	89점 (22.25)	95점 (19)	95점 (19)	90점 (9)	90.5	91	A (350)
학생3	92점 (23)	96점 (24)	85점 (17)	85점 (17)	80점 (8)	89	89	B (350)

중 2학년 1학기 평가 계획서에 따른 과학 성적표다. 지필평가와 수행평가를 모두 치르며, 반영 비율은 각각 50%(50점)이다. 먼저 학생1의 점수를 보자. 중간고사에서 96점, 기말고사에서 90점을 맞았고, 반영 비율에 따라 환산 점수가 각각 24점, 22.5점이다. 수행평가에서는 모두 만점을 맞아 환산 점수는 50점이다. 모두 합산하면 96.5점으로 성취도 A를 받는다.

이어서 학생2와 3의 점수를 살펴보자. 학생2는 학생1과 3보다 지필평가 점수가 낮지만 수행평가 점수가 높다. 학생1과 똑같이 성취도 A를 받는다. 학생3의 경우 중간고사는 학생2보다, 기말고사는 학생1과 학생2보다 높지만 수행평가에서 감점이 많아 성취도 B를 받는다. 평가 영역별 반영 비율을 확인해야 하는 이유가 여기에 있다.

많은 부모와 아이가 점수를 수치화하는 지필평가에 신경 쓰느라 수행평가를 소홀히 한다. 지필평가를 잘 보는 아이가 수행평가도 꼼꼼히 하는 경향이 있지만 아이가 지필평가에 쫓겨 또는 수행평가에 밀려 어느 한쪽만 챙기면 아무리 하나를 특출하게 잘해도 낮은 성취도를 받게 된다. 그런 안타까운 일이 생기지 않도록 반영 비율을 확인하고 두 평가를 고루 준비하기 바란다.

중 3학년

고입 내신 성적에 반영되는 비율이 가장 높은 학년이다. 때문에 중학교 3학년 교실은 엄숙하다 못해 무서운 분위기다. 그만큼 공부에 관심을 가지고 열심히 하려는 아이들이 다른 학년에 비해 많아진다.

'중3에 정신 차리면 너무 늦은 거 아닌가?' 이런 생각을 하는 사람들도 있겠지만 절대 늦지 않았다. 3학년 시절만 잘 보내도 고등학교 공부의 바탕이 될 체력을 충분히 쌓을 수 있다. 질풍노도의 사춘기를 보낸 아이들이 제법 철이 든 모습으로 자신의 미래를 걱정하는 이때, 공부에 마음을 기울여 열심히 한다면 최상위권은 좀 힘들 수도 있겠지만, 상위권까지는 올라갈 수 있다. 실제로 3학년 때 성적이 상승하는 아이들을 많이 봐 왔다. 희망의 끈을 놓기에는 이르다.

그렇다면 3학년 과학 과목의 평가는 어떨까? 고입 내신 성적을 산출하는 학년인 만큼 학사 일정이 바쁘게 움직인다. 2015 개정 교육과정에 따라 1~7단원을 배우고 네 번의 지필평가를 치른다. 마지막 8단원은 2학기 기말고사 이후 진도로 남겨 놓는다. 주당 수업이 4시간이기에 진도가 빠르고 시험 범위가 넓다.

✦ 1학기 과학 평가 계획

평가 유형	지필평가				수행평가		
반영 비율	50%				50%		
횟수/영역	중간고사(1차)		기말고사(2차)		화학반응의 규칙(서·논술형)	지구 온난화 (서·논술형)	등속 운동 (탐구 실험)
	선택형	서·논술형	선택형	서·논술형			
만점 (반영 비율)	100점(25%)		100점(25%)		20점(20%)	20점(20%)	10점(10%)
평가 시기	5월 1주		7월 2주		3월 4주	4월 3주	5월 5주
평가 요소 (단원)	1. 화학반응의 규칙과 에너지 변화 2. 기권과 날씨 (1) 기권의 층상 구조와 특징 (2) 대기 중의 물		2. 기권과 날씨 (3) 기압과 바람 (4) 날씨변화 3. 운동과 에너지 4. 자극과 반응 (1) 감각기관		• 질량 보존의 법칙 • 일정성분비 법칙	• 기권의 층상 구조 설명하기 • 온실 효과와 지구 온난화를 복사 평형과 관련지어 설명하기	• 등속 운동하는 물체의 시간-거리 그래프 그리기 • 등속 운동하는 물체의 시간-거리 그래프에서 속력 추론하기

✦ 2학기 과학 평가 계획

평가 유형	지필평가				수행평가		
반영 비율	50%				50%		
횟수/영역	중간고사(1차)		기말고사(2차)		자극과 반응 (서·논술형)	세포 분열 (서·논술형)	역학적 에너지 전환 (탐구 실험)
	선택형	서·논술형	선택형	서·논술형			
만점 (반영 비율)	100점(25%)		100점(25%)		20점(20%)	20점(20%)	10점(10%)
평가 시기	9월 4주		11월 2주		8월 3주	9월 1주	10월 2주
평가 요소 (단원)	4. 자극과 반응 (2) 뉴런과 신경계 (3) 호르몬과 항상성 유지 5. 생식과 유전 (1) 세포 분열 (2) 발생 (3) 멘델 유전		5. 생식과 유전 (4) 사람의 유전 6. 에너지 전환과 보존 7. 별과 우주		• 내분비샘에서 분비되는 호르몬의 종류와 각각의 기능	• 체세포 분열과 생식 세포 분열의 단계와 특징 설명하기	• 자유 낙하 운동을 하는 물체의 운동 자료를 구하여 각 높이에서 중력에 의한 위치 에너지와 운동 에너지 알아보기

지필평가에서 선택형 문제는 25~30문항이다. 문제 수준(상중하)에 따라 배점이 달라지는데, 중 수준의 문제가 가장 많다. 상과 하 수준의 문제는 학교마다 아이들의 성취도에 따라 개수를 조정한다. 수행평가 항목으로 평가하는 요소는 지필평가에 출제하지 않는 학교도 있다. 그러니 반드시 교사의 안내와 평가 계획서를 잘 숙지해야 한다. 지필평가 전 며칠간 학교 홈페이지나 도서관에 지난해 기출문제를 공개하는 학교라면 출제 경향과 문제 유형을 파악하기 수월할 것이다.

2025학년도 대입 개편에서 고교 내신 서·논술형 평가가 확대되면서 과정 중심 수행평가 또는 서·논술형 지필평가만으로 성적을 산출하는 학교도 있다. 서·논술형 문제는 수업 시간에 교사가 강조한 부분에서 출제될 확률이 높다. 따라서 지필평가에 서·논술형 문제가 있다면 수업을 집중해 들어야 한다. 그리고 바로 복습하는 시간을 갖는 게 좋다. 지필평가는 수업만 잘 들어도 높은 점수를 받을 수 있다. 과학 과목의 경우에는 교사의 전공에서 난도 높은 서·논술형 문제가 출제될 가능성이 크니 과학 담당 교사의 전공을 미리 알아 두기 바란다.

마지막으로, 3학년 과학에서는 중요하지 않은 단원이 거의 없다. <자극과 반응>, <재해·재난과 안전>, <과학과 나의 미래> 단원을 제외한 모든 단원이 고등 통합과학과 연계된다. 특히 <화학반응의 규칙성>, <운동과 에너지> 단원은 통합과학에서 변별력을 가르는 문제가 나올 가능성이 크다.

과학은 영역별 공부법이
달라야 한다

초등 3학년부터 중 3학년까지의 과학은 운동과 에너지(물리), 물질(화학), 생명(생명과학), 지구와 우주(지구과학), 과학과 사회 다섯 가지 영역으로 구성되어 있다. 중등 과학은 고등 통합과학과 달리 단원별로 영역이 뚜렷하게 구분되기 때문에 각 세부 영역별로 공부 방법을 달리 할 필요가 있다.

운동과 에너지(물리)

아이들이 어려워하는 영역 중 하나인 운동과 에너

지(물리)부터 살펴보자. 중학교에서 배우는 학년별 운동과 에너지(물리) 영역의 대단원은 다음과 같다. 이 중 <힘의 작용>, <전기와 자기>, <운동과 에너지>는 고등 통합과학과 연계되는 중요 단원이다. 2022 개정 교육과정에 따라 기존 <전기와 자기> 단원에 있던 '전자기 유도' 부분은 통합과학으로 이동했지만, 중등 과학에서 해당 단원을 배울 때 심화로 공부해 두면 이후 통합과학을 배울 때 좋다.

2015 개정 교육과정			2022 개정 교육과정		
1학년	2학년	3학년	1학년	2학년	3학년
여러 가지 힘	전기와 자기	운동과 에너지	힘의 작용	빛과 파동	운동과 에너지
빛과 파동	열과 우리 생활	에너지 전환과 보존	열	전기와 자기	

운동과 에너지(물리) 영역은 시험을 잘 보기 위해서 공식 암기가 필수 조건이다. 공식을 모르면 문제를 풀 수 없다. 총알 없이 전쟁터에 나가는 군인은 없을 것이다. 핑계가 절대 통하지 않는 게 공식이 많지도 않다. 2학년 <전기와 자기> 단원에서는 '옴의 법칙' 1개, 3학년 <운동과 에너지> 단원에서는 속력 구하는 공식을 포함해 5개가 있다.

1) $V = IR, I = \dfrac{V}{R}, R = \dfrac{V}{I}$

2) 속력 $= \dfrac{\text{이동 거리}}{\text{걸린 시간}}$ (단위: m/s, km/h)

3) 일 $=$ 힘 $\times$ 힘의 방향으로 이동한 거리

   $W = Fs$ (단위: J)

4) 중력에 의한 위치 에너지 = 9.8 × 질량 × 높이

   $E = 9.8mh$ (단위: J)

5) 운동 에너지 = $\frac{1}{2}$ × 질량 × 속력²

   $E = \frac{1}{2}mv^2$ (단위: J)

6) 역학적 에너지 = 위치 에너지 + 운동 에너지 = 일정

   $9.8mh_1 + \frac{1}{2}mv_1^2 = 9.8mh_2 + \frac{1}{2}mv_2^2$

단, 공식은 절대 단순 암기해서는 안 된다. 이는 과학은 물론 모든 과목에 해당하는 주의 사항이다. 단순히 암기만 하면 당장 코앞에 닥친 시험은 그럭저럭 볼 수 있지만 금세 휘발되고 만다.

흔히들 "아는 만큼 보인다"고 한다. 나는 이 말을 "알고자 하는 만큼 보인다"로 바꿔 말하고 있다. 알고 싶어 하는 마음은 이해하려는 마음, 즉 이해될 때까지 계속 알아내려는 마음과 같다. 단기간의 성적만을 위한 단순 암기보다 그 내용을 이해하며 암기하려 할 때 알고자 하는 만큼 보이는 경험을 하게 된다. 공식 또한 이해가 동반된 암기를 거치면 필요한 곳에 정확하게 사용할 수 있게 된다.

<운동과 에너지> 단원에서는 물체의 운동을 그래프로 나타내고 해석하는 능력이 중요하다. 통합과학1의 <시스템과 상호작용>, 물리학의 <힘과 에너지> 단원과 연계되는 물리 역학의 핵심 단원이기 때문이다. 그래프와 관련된 문제가 지필평가와 실험 수행평가에 단골로 출제되며, 나아가 수능까지 이어진다. 그런데 중학교에서 실험을 통해 얻은 자료를

그래프나 표로 변환할 때 어떻게 해야 할지 모르는 아이들을 많이 본다. 분명 초등 과학 교과서에서 배운 내용인데 아이들은 늘 그렇듯이 이구동성으로 말한다.

"선생님. 우리 학교에서는 안 가르쳐 주셨어요. 안 배운 게 확실해요."

시간이 지나 초등학교 때 배운 내용을 잊어버린 건 애교로 봐줄 만하다. 심각한 경우는 작년 내 수업에서 배운 아이들이 올해 내 앞에서 안 배웠다고 잡아뗄 때다. 그럴 때는 정말 힘이 빠지고 할 말이 없다.

표나 그래프 변환은 수학 과목에서도 중요하게 다루는 부분이다. 초등 2학년을 시작으로 6학년까지 그림그래프, 막대그래프, 꺾은선그래프, 띠그래프, 원그래프를 순차적으로 배우며 그래프로 나타내고 해석하는 연습을 한다. 그래서 중학교 수학과 과학 수업에서는 곧장 실전에 들어간다. 초등 때 배운 내용에 다른 내용을 더해 심화 학습하는 것이다. 대부분 친절하게 처음부터 가르쳐 주지 않는다. 다른 과목도 마찬가지다. 초등 때 배우고 왔다는 것을 전제로 수업한다.

그러므로 처음 배울 때 확실하게 익혀야 하는데, 초등 시기를 놓쳤다면 중등 과학에서 반드시 바로잡기를 바란다. 이것을 할 수 있어야 교과서나 과학 문제집에 나오는 등속 운동하는 물체의 '시간-이동 거리', '시간-속력' 그래프 관련 문제를 풀 수 있다.

다음은 운동과 에너지 영역에서 가장 기본적인 '등속 운동' 관련 탐구 실험이다. 함께 살펴보며 그래프로 변환하고 해석하는 연습을 해 보자. 그림은 일정한 속력으로 운동하는 공의 위치를 0.5초 간격으로 나타낸 것이다.

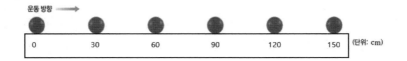

공의 이동 거리를 처음 위치에서 0.5초, 1.0초, 1.5초 간격으로 표에
기록하면 다음과 같다.

시간(s)	0	0.5	1.0	1.5	2.0	2.5
이동 거리(cm)	0	30	60	90	120	150

그다음은 공의 구간 이동 거리와 속력을 표에 기록해 보자.

구간 이동 거리는 시간당 거리를 뜻하므로 모두 동일하게 30cm다. 그
렇다면 속력은 어떻게 해야 할까? 앞서 운동과 에너지(물리) 영역에서 반
드시 외워야 할 공식들을 알려 줬다. 그중 하나가 바로 속력($=\frac{\text{이동 거리}}{\text{걸린 시간}}$)
을 구하는 공식이다.

시간(s)	0~0.5	0.5~1.0	1.0~1.5	1.5~2.0	2.0~2.5
구간 이동 거리(cm)	30	30	30	30	30
속력(m/s)	0.6	0.6	0.6	0.6	0.6

이번에는 시간에 따른 공의 이동 거리와 속력을 그래프로 나타내
보자.

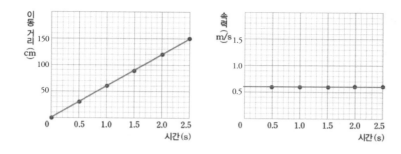

여기까지 표와 그래프로 나타낼 수 있으면 다음 질문에 답하는 건 어렵지 않다.

Q. 등속 운동하는 물체의 이동 거리와 속력은 시간에 따라 어떻게 변하는가?

A. 등속 운동하는 물체의 이동거리는 시간에 비례하여 일정하게 증가하며, 속력은 변하지 않고 일정하다.

실제로 교육부와 한국교육과정평가원이 발표한 '2028학년도 수능 통합과학 예시 문항'의 3번이 자유 낙하하는 물체와 수평으로 던져진 물체의 운동을 비교하는 실험 문제다. 즉, 중력장 내에서 연직(鉛直, 납으로 만든 추가 실이 끊어지면 지표면으로 곧장 향하는 직선) 방향으로의 등가속도 운동과 수평 방향으로의 등속 운동에 대한 탐구 수행 및 결과 해석을 묻는 문제다. 운동과 에너지(물리) 영역에서 표와 그래프로 나타내는 활동을 할 줄 아는 아이라면 충분히 정답을 맞힐 수 있다.

물질(화학)

물질(화학) 영역에서는 물질의 구조, 성질, 변화를 배운다. 눈에 보이지 않는 원소, 원자, 분자, 이온을 배우니 과학을 어려워하는 아이들이 많아진다.

2015 개정 교육과정			2022 개정 교육과정		
1학년	2학년	3학년	1학년	2학년	3학년
기체의 성질	물질의 구성	화학반응의 규칙과 에너지 변화	물질의 상태변화	물질의 특성	화학반응의 규칙성
물질의 상태변화	물질의 특성		기체의 성질	물질의 구성	

아이들은 초등 과학에서 고체, 액체, 기체를 배운다. 물질의 세 가지 상태를 눈에 보이는 현상 위주로 직접 관찰 학습한 다음 중학교에 진학한다. 하지만 중학교에서는 눈에 보이지 않는 입자 배열을 이용해 물질의 세 가지 상태를 학습한다. 같은 현상을 '보이지 않는 입자 모형'의 관점에서 이해하고 배우게 되는 것인데, 이 부분이 물질(화학) 영역의 핵심이다.

중등 과학에서는 <물질의 구성> 단원에 나오는 주기율표, 불꽃반응색, 원소기호, 원소, 분자, 이온, 화학결합을 반드시 이해하고 암기하고 있어야 한다. 거듭 말하지만 2022 개정 교육과정에서 TIMSS 2019 평가틀에 따라 주기율표를 추가했기 때문에, 주기율표 공부는 필수다.

생전 처음 보는 영어 대문자와 소문자, 숫자가 표로 등장하니 당황스럽겠지만, 주기율표는 우리가 매일 보는 달력과 같이 규칙성을 가진 표라고 생각하면 된다. 주기율표는 원소를 원자 번호(양성자 수에 따라 붙인 번호) 순서로 가로줄에 나열하고, 비슷한 화학적 성질을 가진 원소는 세로줄에 나열한 것이다. 여기서 가로줄을 '주기'라고 부르며, 세로줄을 '족'이라고 부른다.

	1족	2족	13족	14족	15족	16족	17족	18족
1주기	1 H 수소	원자 번호		4 Be 베릴륨 (원자 기호 / 원자 이름)				2 He 헬륨
2주기	3 Li 리튬	4 Be 베릴륨	5 B 붕소	6 C 탄소	7 N 질소	8 O 산소	9 F 플루오린	10 Ne 네온
3주기	11 Na 나트륨	12 Mg 마그네슘	13 Al 알루미늄	14 Si 규소	15 P 인	16 S 황	17 Cl 염소	18 Ar 아르곤
4주기	19 K 칼륨	20 Ca 칼슘						
원자가 전자	1	2	3	4	5	6	7	8

주기율표에서 '원자가 전자'는 원자의 전자들 중 가장 바깥쪽 껍질에 있는 전자를 말한다. 화학결합에 참여하는 전자로, 개수가 원소의 성질을 결정하는 데 중요한 역할을 한다. 자세한 내용은 고등 통합과학1에서 배우니 여기서는 이 정도만 알아도 된다.

2022 개정 교육과정에서는 중 2학년 과학에서 원소와 화학물을 화학식으로 표현하는 것과 원소가 양성자 수, 비슷한 성질에 따라 주기율표에 배치되는 것을 배운다. 따라서 중학교 수준에서는 위에 제시된 주

기율표 정도는 자다가도 툭 치면 입 밖으로 튀어나올 정도로 암기가 되어야 한다. 기초가 되는 원소기호와 이름을 암기하지 않은 아이는 원소의 주기적인 성질을 배워도 무슨 뜻인지 이해하지 못할 것이다.

만약 주기율표 암기가 어렵다면 노래로 암기하는 방법도 있다. 수능 금지곡이 생길 정도로 노래만큼 머릿속에 빠르게 들어와 완전히 자리를 잡는 것도 없다. 유튜브에서 검색하면 과학자인 곽재식 교수가 작곡·작사한 '그리움 주기율', 열공뮤직 '원소', <응답하라 1988> 드라마의 '주기율표송' 등 다양한 주기율표 노래들이 나온다. 두세 번만 들어도 입에 착 달라붙을 만큼 암기력이 좋아 실제로 학교에서도 아이들에게 들려주곤 한다.

2학년 <물질의 구성> 단원은 3학년의 <화학반응의 규칙성>, 통합과학1의 <물질과 규칙성>, 통합과학2의 <변화와 다양성>과 연계된다. 중등 과학을 제대로 공부하면 고등 통합과학에서도 분명 도움이 된다.

생명(생명과학)

생물의 구조와 에너지, 항상성과 몸의 조절, 생명의 연속성, 환경과 생태계, 생명과학과 인간의 활동을 다루는 생명(생명과학) 영역은 다른 세 영역에 비해 아이들이 쉽게 이해한다. 당연히 시험 점수도 평균적으로 높은 특징이 있다.

2015 개정 교육과정			2022 개정 교육과정		
1학년	2학년	3학년	1학년	2학년	3학년
생물의 다양성	식물과 에너지	자극과 반응	생물의 구성과 다양성	식물과 에너지	자극과 반응
	동물과 에너지	생식과 유전		동물과 에너지	생식과 유전

다음은 3학년 <생식과 유전> 단원에서 나오는 과학 개념이다. 개수를 보면 알겠지만 정말 한 단원에서 익혀야 할 새로운 개념이 45분 수업 동안 쉴 새 없이 쏟아진다. 그만큼 생명(생명과학) 영역은 이해를 바탕으로 한 정확하고 꼼꼼한 개념 암기가 이루어져야 고득점을 할 수 있다.

> 2가 염색체, 가계도, 감수 분열, 난할, 대립형질, 독립의 법칙, 반성유전, 발생, 분리의 법칙, 상동 염색체, 상염색체, 성염색체, 세포질 분열, 수정, 열성, 염색분체, 염색체, 우성, 우열의 원리, 유전, 유전자, 유전자형, 체세포 분열

앵무새처럼 암기만 해서는 안 된다. 과학 개념을 아무리 외워도 시험 문제를 잘 풀지 못하는 이유는 개념에 대한 이해가 안 되었기 때문이다. 앞서 초등 편에서 '일'을 사전, 일상, 과학의 정의로 나누어 설명했듯이 아이가 알고 있는 정의와 과학 교과서의 개념은 불일치하는 경우가 많다. 그러므로 반드시 과학 교과서의 개념을 정확히 이해하고 암기해야 한다. 생명(생명과학) 영역은 특히 이해와 암기가 병행되어야 한다.

이해하면서 외우는 가장 좋은 방법은 직접 손으로 그림을 그리며 공

부하는 것이다. 예를 들어, 생식세포 분열을 공부한다면 상동 염색체가 붙은 2가 염색체, 상동 염색체의 분리, 감수 1분열이 끝났을 때 각 딸세포의 염색체 수가 모세포의 절반이 되는 그림을 그려 봐야 이해하기 쉽다.

감수 1분열 전기　　감수 1분열 중기　　감수 1분열 후기　　감수 1분열 말기와
　　　　　　　　　　　　　　　　　　　　　　　　　　　　세포질 분열

　　교과서에서 나오는 것처럼 색을 다르게 해서 제대로 한 번만 그려 봐도 쉽게 이해하고 암기할 수 있다. 하지만 아이들은 이런 학습 과정을 굉장히 귀찮게 여긴다. 그래서 단순히 입으로만 달달 외우고 잘 모르는 상태에서 문제를 푼다.

　　생명(생명과학) 영역은 대체로 점수가 높다. 다들 낮은 점수를 받는 영역에서는 조금만 높은 점수를 받아도 돋보이지만, 반대로 다들 높은 점수를 받는 영역에서는 한두 문제 차이가 큰 점수 차로 이어질 수 있다. 그리고 고등학교에 올라가 어렵기로 정평이 난 유전 부분을 공부할 때는 주르륵 미끄러진다. 중학교 1학년부터 이해와 암기를 병행한 공부 방법에 익숙해져야 한다는 의미다. 생명(생명과학) 영역을 공부할 때는 암기와 이해를 따로 하지 말고, 무조건 같이 해야 한다. 그림이 있을 때는 반드시 직접 그리면서 외우자. 이 기초 습관만 제대로 형성해도 생명(생명과학) 영역을 헤쳐 나갈 수 있다.

1학년 <생물의 구성과 다양성> 단원은 3학년의 <생식과 유전>, 통합과학1의 <시스템과 상호작용>, 통합과학2의 <변화와 다양성>과 연계된다.

참고로 이번 장의 마지막에 생명(생명과학)을 포함한 전 영역의 중등과학 개념어를 정리해 놓았다. 필수 개념만을 선별했으니 반드시 학습하고 넘어가기 바란다.

지구와 우주(지구과학)

지구와 우주(지구과학) 영역에서는 고체 지구, 유체 지구, 천체를 다룬다. 중학교에서 배우는 학년별 지구와 우주(지구과학) 영역의 대단원은 다음과 같다.

2015 개정 교육과정			2022 개정 교육과정		
1학년	2학년	3학년	1학년	2학년	3학년
지권의 변화	태양계	기권과 날씨	태양계	지권의 변화	날씨와 기후변화
	수권과 해수의 순환	별과 우주		별과 우주	수권과 해수의 순환

<태양계> 단원에서는 태양의 표면과 대기에서 일어나는 현상, 지구 공전에 의한 별자리 변화, 달의 위상변화 등을 배운다. 따라서 교과서에 나오는 사진과 그림이 어떤 현상인지 그림과 용어를 정확히 연결할 수 있어야 한다.

예를 들어 지구의 자전으로 인해 태양, 별과 같은 천체가 하루에 한 바퀴씩 회전하는 것처럼 보이는 현상을 별의 일주운동이라고 한다. 지구가 서쪽에서 동쪽으로 자전하기 때문에 지구에서 보면 태양이나 별이 지구의 자전 방향과 반대 방향(동쪽에서 서쪽)으로 움직이는 것처럼 보인다. 실제로 움직이는 건 지구인데 별이 움직이는 것처럼 보이는 것이다. 이를 겉보기운동이라고 한다. 아이들은 겉보기운동의 정의부터 헷갈려한다.

우리나라에서 본 별의 일주운동은 동서남북 하늘마다 관측되는 모습이 다르다. 지구 자전과 반대방향으로 별이 동쪽 하늘에서 떠 남쪽을 지나 서쪽으로 움직이는 것처럼 보이므로 북쪽 하늘에서는 동에서 서로 동심원을 그리며 움직이고(⌒), 동쪽 하늘에서는 별이 비스듬히 떠오르는

모습(↗), 남쪽 하늘에서는 지표면과 나란하게 동에서 서로 움직이고(→), 서쪽 하늘에서는 별이 비스듬히 지는 모습(↘)으로 보인다. 따라서 별의 일주운동을 암기할 때는 지구 자전의 방향, 일주운동의 방향과 겉보기운동의 정의, 북쪽(⌒)-동쪽(↗)-남쪽(→)-서쪽(↘) 하늘 순서로 내용과 그림을 함께 암기하면 시험을 볼 때 쉽게 기억할 수 있다. 더불어 지구에서 별의 일주운동 모습을 볼 수 있는 사이트(자바실험실)도 있으니 내용이 이해가 잘 되지 않을 경우 사이트를 방문해 보자(자바실험실 ▶ 검색창에서 '일주운동' 검색 ▶ 일주운동과 황도대).

중등 과학의 지구와 우주(지구과학) 영역의 단원은 통합과학1의 <물질과 규칙성>과 <시스템과 상호작용>, 통합과학2의 <변화와 다양성>과 <환경과 에너지>와 연계된다. 이 후속 학습을 잘하기 위해서는 중학교에서 대륙이동설과 판구조론, 지구의 자전과 일주운동, 지구의 공전과 연주운동, 달의 위상변화, 깊이에 따른 해수의 수온 분포 그래프, 기권의 층상 구조 그래프, 기온에 따른 포화 수증기량 곡선과 그의 해석, 상대 습도 구하는 공식 등은 꼭 알고 있어야 한다.

호기심을 펼치도록
도와줘라

2022 개정 교육과정에서는 운동과 에너지(물리), 물

질(화학), 생명(생명과학), 지구와 우주(지구과학) 영역 이외에 새로운 영역이 추가된다. 바로 '과학과 사회' 영역이다. 통합 단원으로 말 그대로 네 가지 영역이 통합되어 있으며 다른 교과와도 연계된다. 그렇다면 이 단원은 어떻게 공부해야 할까?

앞서 각 영역에 적합한 공부법을 설명했지만, 과학을 공부하는 데 있어 가장 기본은 호기심이다. 호기심이야말로 신설된 과학과 사회 영역은 물론 과학의 모든 영역을 공부하는 데 필요하다. 과학은 궁금증을 시작으로 그것을 증명하고 결론을 내리는 모든 활동을 통해 발달해 왔다. 하지만 학교에 들어가는 순간부터, 시험이 코앞에 닥친 순간부터, 아이들은 높은 점수를 받기 위해 무조건 배운 내용을 외우려고만 한다. 가장 손쉬운 방법이기 때문이다. 하지만 공부에서는 지름길이 가장 먼 길이 되는 경우가 많다.

아이가 자신의 머릿속에 떠오르는 '왜?'라는 질문에 따라 스토리를 만들어 나가는, '꼬리에 꼬리를 무는' 방법으로 과학을 공부한다면 어떻게 될까? 중학생 아이들이 과학에서 싫어하는 단원 중 하나가 <지권의 변화>다. 초등학교에서 배운 화강암과 현무암 외에 수많은 암석과 광물이 새로이 등장하고, 그것들을 모두 알고 있어야 시험 문제를 풀 수 있다. 그래서 아이들에게 과학은 '암기 과목'이라는 인식이 강한 것이다. 하지만 "왜 마그마가 지하 깊은 곳에서 식을 때와 지표 밖에서 식을 때 알갱이의 크기가 달라질까?"와 같이 스스로 질문하고 답을 찾으면 많은 암석과 광물에 대해 외우지 않아도 자연스럽게 습득할 수 있다.

초등학생 때 과학 지식 책을 이용해 질문을 만들어 본 아이라면 중학생이 되어서도 과학 교과서를 읽으며 스스로 '왜?'라는 질문을 품고 답을 찾을 것이다. 질문을 만들기 위해서는 지속적으로 생각해야 한다. 책을 읽으며 주요 개념이나 핵심 문장을 찾고, 앞뒤 문맥을 보며 질문하는 습관을 갖는다면, 학교에서도 다른 관점으로 과학 수업을 받아들일 수 있게 된다. 자신이 궁금해하던 부분에 대한 과학 교사의 설명을 듣고 답을 확인하는 재미도 생긴다. '질문-수업 집중-복습'이라는 선순환 고리가 자연스럽게 생기는 것이다. 아이의 생각하는 힘 또한 길러지고 점점 강해질 것이다. 공부 근육은 그렇게 만들어진다.

중등 과학 개념어

    과목별 교육과정의 핵심이 담긴 교과서는 분량이 제한되어 있어 핵심 개념을 중심으로 사실적인 정보를 우선적으로 서술한다. 당연히 과목과 관련된 모든 내용이 들어갈 수도 없고 문제집이나 시중 교재처럼 이해를 돕기 위한 설명을 자세히 쓸 수도 없다.

    그런데 과목의 핵심 개념어를 모른 상태로 수업을 들으면 어떻게 될까? 그야말로 언어가 통하지 않는 외국에 가서 공부하는 것과 마찬가지다. 과목 언어의 주파수가 맞지 않는 아이들은 이해되지 않는 수업 내용을 들으며 몸만 배배 꼬고 앉아 있을 뿐이다. 교과서 내용의 깊이나 서술이 길어질수록 개념어를 알지 못하는 아이는 교과서 내용을 이해하기 버거워진다. 그러니 과학을 잘하기 위해서는 과학 개념어를 반드시 알아야 한다.

✦ 운동과 에너지(물리) 개념어

중력	지구가 물체를 당기는 힘
질량	장소에 관계없이 변하지 않는 물체가 가진 고유한 양
탄성력	탄성을 가진 물체가 원래 모양으로 되돌아가려는 힘
마찰력	물체가 어떤 면과 접촉하여 운동할 때 그 물체의 운동을 방해하는 힘
부력	물과 같은 액체가 그 속에 들어 있는 물체를 위쪽으로 밀어 올리는 힘
등속 운동	일정한 빠르기로 속력이 변하지 않는 운동
자유 낙하 운동	가만히 놓은 물체가 지구 중심 방향으로 떨어지는 운동
정전기	마찰 전기와 같이 한곳에 고여 있는 전기
전류	전하의 흐름
전압	전류를 흐르게 하는 능력
저항	전류의 흐름을 방해하는 정도
직렬연결	한 전지의 (-)극에 다른 전지의 (+)극이 오도록 연결하는 방법
병렬연결	한 전지의 (-)극에 다른 전지의 (-)극이 오도록 연결하는 방법
비열	어떤 물질 1g을 1 ℃ 올리는 데 필요한 열량
파동	물결과 같이 흔들림이 퍼져 나가는 현상
횡파	매질의 진동 방향과 파동의 진행 방향이 서로 수직인 파동(예: 물결파, 전자기파, 지진파의 S파)
종파	매질의 진동 방향과 파동의 진행 방향이 서로 나란한 파동(예: 소리, 지진파의 P파)
매질	파동을 전달시키는 물질
파장	마루(골)와 이웃한 마루(골) 사이의 거리
진폭	진동 중심에서 마루 또는 골까지의 거리
주기	매질이 한 번 진동하여 제자리로 되돌아오는 데 걸리는 시간
진동수	매질이 1초 동안 진동하는 횟수

✦ 물질(화학) 개념어

원소	물질을 이루는 근본이 되는 성분
원자	물질을 구성하는 가장 작은 입자
분자	물질의 성질을 나타내는 가장 작은 입자

이온	전자를 잃거나 얻어 전하를 띠게 된 입자
확산	물질이 주변으로 퍼져 나가는 현상
압력	단위 면적에 수직으로 작용하는 힘의 크기
밀도	단위 부피당 물질의 질량
용해도	일정한 온도에서 용매 100g에 최대한 녹는 용질의 g수
융해	고체 상태의 물질에 열을 가했을 때 액체가 되는 현상
응고	액체 상태의 물질이 고체로 변하는 현상
기화	액체 상태의 물질이 기체로 변하는 현상
액화	기체 상태의 물질이 액체로 변하는 현상
승화	어떤 물질이 액체 상태를 거치지 않고 고체에서 기체로, 기체에서 고체로 변하는 현상

✦ 생명(생명과학) 개념어

생물 다양성	어떤 지역에 살고 있는 생물의 다양한 정도
변이	같은 종류의 생물 사이에서 나타나는 생김새나 특성의 차이
종	생물 분류 체계에서 가장 작은 분류 단계
광합성	식물이 빛 에너지를 이용하여 스스로 양분을 만드는 과정
엽록체	잎에 있는 초록색의 작은 알갱이로 광합성 작용이 일어나는 곳
공변세포	기공을 이루는 세포
기공	식물 표피 조직의 일부가 외부 대기와 연결된 작은 구멍으로 식물체 내부와 외부 사이에 기체 교환이 일어나는 곳
모세 혈관	동맥과 정맥을 연결해 주는 혈관
중추신경계	몸의 가운데서 명령을 내리는 신경계
말초신경계	몸의 끝부분까지 연결된 신경계
항상성	환경 변화에 적절히 반응해 몸의 상태를 일정하게 유지하려는 성질
염색체	유전정보를 가진 막대 모양의 구조
염색분체	복제된 염색체의 원래 가닥과 새로운 가닥을 각각 염색분체라고 함
염색사	유전정보를 가진 실 모양의 구조
감수 분열	생식세포가 만들어질 때 생식세포의 염색체 수가 절반이 되는 것
체세포 분열	하나의 체세포가 둘로 나누어지는 것

형질	모양, 성질, 특징 등 생물체의 고유한 특징
반성유전	성염색체에 있는 유전자에 의해 일어나는 유전

✦ 지구와 우주(지구과학) 개념어

화성암	뜨거운 마그마나 용암이 굳어져 생긴 암석
화산암	마그마가 지표나 지표 부근에서 빠르게 식어 알갱이가 굳어져 만들어진 암석
심성암	마그마가 지하 깊은 곳에서 천천히 식어 알갱이가 굳어져 만들어진 암석
퇴적암	퇴적물이 다져지고 굳어져서 만들어진 암석
층리	크기, 종류, 색깔이 서로 다른 퇴적물이 쌓이면서 만들어진 평행한 줄무늬
변성암	온도나 압력에 의해 다른 성질로 변해 만들어진 암석
엽리	암석이 열과 압력을 받아 변성암이 만들어질 때 암석 속의 알갱이가 압력 방향에 수직으로 배열되면서 만들어진 줄무늬
조암 광물	암석을 이루는 주요 광물
수온약층	혼합층과 심해층 사이에서 수온이 급격히 감소하는 층
염분	해수 100g에 녹아 있는 염류의 총량을 g수로 나타낸 것
조석	밀물과 썰물로 해수면이 주기적으로 높아졌다 다시 낮아지는 현상
조차	밀물로 해수면의 높이가 가장 높을 때와 썰물로 해수면의 높이가 가장 낮을 때의 해수면의 높이 차이
복사 평형	들어오고 나가는 복사 에너지의 양이 같은 상태
단열팽창	외부와의 열 출입이 없는 상태에서 공기의 부피가 팽창하는 것
기단	한곳에 오래 머물러 지표의 영향을 받아 기온과 습도가 일정해진 큰 공기 덩어리
전선	서로 성질이 다른 기단들이 만나면 섞이지 않고 생기는 경계면인 전선면과 지면이 만나는 선
행성	태양 주위를 도는 천체
위성	행성 주위를 공전하는 천체
성단	은하보다 작은 규모로, 수백 개에서 수십만 개의 별로 이루어진 별들의 집단
성운	별과 별 사이를 이루는 기체와 먼지들이 모여 있어 구름처럼 보이는 것

시험을 이기는
과학 복습 사이클

아이들의 수업 태도에는 대체로 세 가지 유형이 있다. 하나는 반짝이는 눈으로 하나라도 놓칠세라 집중하는 유형, 잠을 깨려고 부단히 애쓰지만 꾸벅꾸벅 조느라 수업을 건너뛰며 듣는 유형, 교실 창밖이나 친구에게 시선을 두느라 영혼 없이 몸만 의자에 앉아 있는 유형. 이 세 유형 중 어떤 학생이 시험에서 좋은 성적을 거둘 것이라 예상하는가? 당연히 집중하는 유형이다.

마땅한 결과다. 중학교 내신 지필평가 문제는 과목 교사가 출제한다. 과목 수업 시간은 그 유명한 출제자 직강인 것이다. 그런데 아이들은 학원에서 내 준 각종 시험 대비 문제와 교재를 우선시하느라 학교 수업은 뒷전이다. 여전히 무엇이 중요한지 모른 채 잘못된 방식으로 내신을 준비하는 아이들을 보면 솔직히 한숨이 나온다.

중학교 지필평가는 대부분의 교사가 교과서와 자체 제작한 학습지, 보조 교재를 활용해 문제를 출제한다. 충실한 수업 내용을 바탕으로 가르친 부분에서 문제를 내는 것은 당연한 일이다. 나 역시 마찬가지다. 교과서, 수업 시간에 활용한 PPT 자료와 직접 만들어서 나눠 준 학습지 딱 세 가지를 중점으로 문제를 낸다. 이 당연한 것을 당연하지 않게 받아들이고 잘못된 공부 방식을 고집하던 아이들은 첫 시험을 보고 깨닫는다. '진짜 교과서랑 학습지에서 다 나왔네!' 하지만 깨달음도 그 순간뿐. 다음 지필평가 역시 잘못된 방식으로 공부하고 후회를 반복한다. 실제로 이런 아이가 정말 많다.

그리고 대다수 아이들은 내신 지필평가와 수능을 별개의 영역으로 생각한다. 출제자, 문제, 방향성, 점수 영향력은 다를 수 있다. 하지만 내신 지필평가와 수능에서 응시하는 과목은 같다. 초·중·고에서 배운 것들이 수능까지 이어진다는 점을 잊어서는 안 된다. 그래서 이번에는 중등 과학 내신 지필평가를 위한 올바른 복습 방법을 소개하려고 한다. 매 학기 초마다 내가 아이들에게 강조해 가르치는 방법으로, 시험 볼 때까지 오래가는 효율적인 복습이다. 여기서 소개하는 복습 사이클을 만들어 유지한다면 지필평가는 물론 수능까지도 어려움이 없이 나아갈 수 있을 것이다.

1단계 바로 복습:
집중과 필기

중 1학년 과학은 초등학교에서 배운 과학 내용보다 몹시 어렵지도 않고, 난도가 낮은 단원들로 구성되어 있다. 아이들도 대부분 이 정도면 할 만하다는 표정으로 수업을 받아들인다. 중 2학년 과학은 1학년과는 다르다. 아이들의 표현을 빌리자면 정말 '헉 소리가 날 정도로' 어려워진다. 게다가 처음 배우는 과학 개념과 용어가 쉴 새 없이 등장한다. 한 학기에 두 번 있는 지필평가 일정에 맞추기 위해 과목 진도도 한 달에 한 단원씩 빠르게 나간다. 이 말은 오늘 배운 내용을 제대로 이해하지 않으면 내일 수업은 따라갈 수 없다는 뜻이다. 따라서 2학년 과학부터 복습은 선택이 아닌 필수다.

전략적으로 공부 시간을 절약해야 하기에 복습 사이클의 첫 번째 단계는 '바로 복습'이다. 수업 시간에 선생님이 중요하다고 강조한 부분을 집중해 듣고 바로 암기한다. 교사가 말하는 교과서의 강조 포인트, 판서 내용에 집중해 제대로 필기만 해도 반은 성공이다. 적어야 할 내용이 많아 별도로 필기할 시간을 줄 때도 있고, 이미 학습지에 정리되어 있기 때문에 추가되는 설명을 눈치껏 받아 적어야 할 때도 있다. 넋 놓고 있다가는 교사의 추가 설명을 놓칠 수 있는데 안타깝게도 시험 문제는 그런 데서 많이 나온다. 그러니 제발 수업 시간에 선생님 눈을 피해 딴짓하지 말고 집중하길 바란다. 아이들은 딴짓하는 게 안 보인다고 생각하지만 교탁에서는 저 멀리 구석까지도 다 보인다.

"가만히 앉아 있는 것도 힘든데 집중까지 해야 돼요?" 수업 시간에 집중하라는 말에 불만을 표하는 아이도 분명 있을 것이다. 수업 시간 45분 내내 교사가 일방적으로 설명만 하는 건 아니다. 45분 수업에는 모둠별 활동, 실험 수업, 짝 활동들이 포함되어 있다. 실제 교사의 설명에 집중해야 할 시간은 20~25분 남짓이다. 이 정도면 중학생인 아이가 참을성을 갖고 집중할 만하지 않을까? 수업 시간에 집중은 초·중·고를 막론하고 좋은 성적을 받기 원하는 아이라면 응당 해야 할 일이다.

누구보다 시험을 잘 보고 싶은 사람은 아이다. 부모나 교사보다 좋은 성적이 훨씬 더 간절한 사람도 아이다. 성적이 좋은 아이와 좋지 않은 아이의 한 끗 차이는 바로 수업 시간에 '집중도'다. 이 한 끗이 매일, 매주, 매년 쌓여 엄청나게 큰 차이를 만들어 낸다. 만약 수업 중 '아, 이 부분 시험 문제에 나오겠는데!' 이런 느낌이 든다면 그만큼 잘 집중하고 있다는 신호다.

2단계 직후 복습:
읽기

수업을 집중해 듣고 필기까지 했다면 다음 단계는 '직후 복습'이다. 수업이 끝난 후 교사가 중요하다고 강조한 부분을 복습하는 것이다. 시험 문제로 나올 확률이 99.99%에 해당하는 부분이므로 반드시 수업 직후 복습해야 한다.

심리학자 헤르만 에빙하우스Hermann Ebbinghaus는 시간이 지남에 따라 사람들이 얼마나 빠르게 기억을 잊는지 알아보는 실험을 진행했다. 그의 망각곡선 가설에 따르면, 학습 후 10분이 지나면 망각 현상이 발생하기 시작한다. 학습 후 20분 이내에는 학습한 내용의 42%, 1시간 후에는 56%, 하루가 지나면 67%, 한 달 후에는 79%가량을 잊어버리게 된다. 개인마다 정도의 차이는 있지만 대부분의 사람이 이러한 망각 현상을 경험한다.

수업이 끝난 직후부터 다음 수업까지의 쉬는 시간 10분은 그야말로 복습의 골든타임이다. 교과서와 학습지, 판서 내용은 세 번 이상 반복해 읽은 다음 중요한 개념에 밑줄을 긋는다. 단, 처음부터 밑줄을 그으면 긋는 행위 자체에 초점을 맞추게 되므로 먼저 최소 세 번은 읽어야 한다. 배우는 내용이 머릿속에 자리 잡고 기본 개념에 관한 관계 지도가 그려질 것이다. 정리는 이런 구조화 작업이 완료된 후 한다. 그래야 중요한 것과 그렇지 않은 것을 구분할 수 있으며, 어떤 방식으로 정리해야 효과적일지 판단할 수 있기 때문이다.

교과서를 읽고 중요한 곳에 밑줄을 쳐 보라고 하면 처음부터 끝까지 성의 없이 밑줄을 긋는 아이들이 있다. 부모라면 그 모습을 보고 속 터진 경험이 한 번쯤 있을 것이다. 그때 한숨을 쉬거나 야단치지 말고 밑줄 치는 법을 알려 줘야 한다. 기본적인 가르침 없이 해 보라고 한 다음 못했다고 혼내면 아이는 공부하고 싶은 마음을 잃어버린다. 교과서에서 중요한 부분은 볼드체(굵은 글씨)로 되어 있다. 아이가 교과서를 읽고 복습하기 전 그런 부분을 주의 깊게 보고 형광펜 등을 이용해 표시할 수 있도록 가르쳐 주자.

화장실을 다녀오거나 다음 수업을 위한 준비나 이동으로 10분을 온전히 쓰지 못하는 경우도 있다. 그럴 때는 수업에서 배운 내용을 한 번이라도 더 본다는 마음으로 빠르게 읽어 내자. 이해되지 않는 부분이 있다면 반드시 교사에게 질문해야 한다. 직접 찾아와 모르는 부분을 물어보는 아이의 모습만큼 교사의 눈에 예뻐 보이는 것도 없다. 그렇게 눈도장을 찍어 두면 다음 수업부터 교사는 한 번이라도 더 그 아이와 눈을 맞추려고 할 것이다. '이 부분은 어려우니 설명을 잘 들어야 해.' '내신 시험에 잘 나오는 부분이야. 집중해!' 아이에게 하나라도 더 알려 주기 위해 무언의 신호를 전달하고, 아이는 선생님의 신호로 수업에 더욱 집중하게 된다. 이런 상호작용이 쌓이면 해당 과목에 대한 호감도는 높아질 수밖에 없다. 좋아하는 과목은 반드시 잘하게 되어 있다.

3단계 요약 복습:
핵심을 글과 그림으로 정리

그날 배운 내용은 집에 돌아가 요약하며 복습한

다. 집에서 천천히 교과서와 학습 프린트물을 읽어 보고 가장 중요하게 생각되고 기억에 남는 내용을 정리하는 것이다. 단, 교과서의 모든 내용을 옮겨 적어서는 절대 안 된다. 그러면 정리가 아니라 베껴 적는 노동에 불과하다.

과학 수업에서 원소의 불꽃반응을 배웠다고 하자.

- 수업 시간에 배운 원소의 개념과 기호를 밑줄 긋고 소리 내어 말하며 필기한다(바로 복습).
- 수업이 끝난 후 밑줄 긋고 필기한 내용을 빠르게 읽는다(직후 복습).
- 집에 돌아와 원소의 개념과 불꽃반응 색을 자기 노트나 학습지에 정리한다(요약 복습).

핵심 내용을 문장으로 적을 경우에는 3줄로 요약한다.

원소: 물질을 이루는 근본이 되는 성분
원소기호: 원소를 이름 대신 간단한 기호로 나타낸 것
원소의 구별: 불꽃반응과 선 스펙트럼(불꽃색이 비슷한 원소를 구별)

시각적 정리나 구분이 중요한 내용은 표나 그림으로 그린다. 이후 복습할 때마다 새롭게 알게 된 내용은 다른 색깔로 추가하는 것도 팁이다. 그리고 자신만의 기호나 표시를 사용해도 좋다. 예를 들어 불꽃반응의 색깔이 청록색인 구리는 초록색 계열 펜으로 색칠하거나 글을 쓰는 방식으로 정리하면 기억이 더 잘 난다.

이름	원소기호
납	Pb
철	Fe
금	Au
은	Ag
스트론튬	St
구리	**Cu**

또한 과학 교과서에는 단원별로 한두 개 이상의 탐구 실험이 있다. 교과서에 나온 탐구 실험은 단계별로 정리해야 한다. 정리하면서 무엇을 변화시켜서(조작 변인=원인), 무엇을 측정하고(종속 변인=결과), 그때 무엇을 일정하게 유지해야 하는지(통제 변인)를 파악해야 한다.

탐구 실험 부분은 시험에서 고난도 문제가 출제될 경우 빠지지 않는다. 실제 수업 시간에도 모둠별 실험을 하거나 영상을 활용한 대체 실험 후 결과를 기록하고 논의하는 시간을 갖는다. 대체로 아이들이 교사가 제시한 모범 답안을 따라 쓰기에 급급한데, 평소 복습을 통해 탐구 실험을 정리한 아이들은 제시간에 자기 생각까지 다듬어 정리한다. 당연히 수업 이해도도 훨씬 높다. 교과서를 읽고 정리하는 습관은 학습 전반에 시너지 효과를 일으킨다.

시험이 코앞에 닥치면 수업 때 나눠 준 학습지를 들고 무슨 말인지 모르겠다고 하는 아이들이 있다. 십중팔구 교과서는 읽어 보지도 않고 요약된 학습지를 먼저 읽고 그것만으로 공부하려고 하는 아이들이다. 요약된 자료로 공부하면 단순히 내용을 읽고 암기하는 수준에서 그친다. 시험을 보면 80점대, 운 좋으면 90점 초반으로 성취도 A 턱걸이다. 중학교에서 성취도 A는 내신 9등급 체제에서는 1~4등급에 속한다. 남이 해 준 것을 받아먹기만 하는 수동적인 공부 습관이 굳어지면 교과서를 읽어도 점점 무슨 내용인지 모르는 상태가 되고, 아이 스스로도 이해하려는 노력 자체를 하지 않게 된다. 시험 때마다 반짝 공부해 성취도 A를 받고 우등생이라 불리던 중학생들이 고등학교에서 성적이 급락하는 가장 큰 이유다. 제아무리 필기를 잘하는 친구의 노트를 빌려서 보충한다고 해도 그건 그 친구의 언어로 이해하고 받아들인 내용이기 때문에 나에게는 큰 도움이 되지 않는다. 반드시 집중해서 수업 내용을 나의 언어, 나의 표현으로 정리하는 습관부터 만들어야 한다.

4단계 누적 복습: 한 장 정리, 단권화

누적 복습이란 주말을 이용해 일주일 동안 배운 내용을 공부하는 걸 말한다. 중등 과학은 학년별로 주당 3~4시간을 배운다. 국어가 4~5시간, 영어와 수학이 3~4시간인 점을 감안하면 결코

적은 시간이 아니다. 당연히 한 주에 배우는 양이 상당하다. 보통 한 달에 한 단원 정도 진도를 나가고 두 대단원 정도가 지필평가 범위에 들어간다.

그래서 시험 기간에 어떻게든 많은 분량을 소화하려고 달달 외우며 공부하는데 그 효과도 한두 번이다. 나선형 교육과정인 과학은 암기로 공부하는 데 한계가 있다. 점점 많아지는 공부량과 줄어드는 공부 시간 앞에 꺾일 수밖에 없다. 한 주 동안 학교에서 상당히 많은 분량을 배우므로 주말에는 반드시 누적 복습을 해야 한다.

앞서 에빙하우스의 망각곡선과 함께 직후 복습이 얼마나 중요한지 설명했다. 그렇다면 누적 복습의 효과는 어느 정도일까? 기억을 얼마나 빠르게 잊는지를 나타내는 에빙하우스의 망각 실험 이후 인지심리학자들은 기억을 얼마나 오랫동안 유지할 수 있는지에 집중한 후속 연구를 진행했다. 그 결과 새롭게 등장한 것이 '망각곡선의 변형'이다.

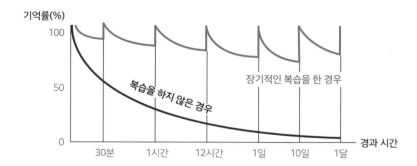

학습 기간 사이에 일정한 간격을 두고 복습하면 잊어버리고 외우기를 반복하는 과정에서 배운 내용이 장기 기억으로 굳어진다. 뇌에서 학습한 내용을 회복할 시간이 주어져 두 번째, 세 번째 복습에서 배운 내용이 더욱 정교화되고 오래 남게 되는 것이다. 공부에 있어 일정 간격을 두고 복습하는 것만큼 효율적인 방법이 없다.

누적 복습을 할 때는 일주일 동안 배운 내용을 하나로 합쳐 가며 공부하자. 보통 한 번 수업에 과학 교과서 1~1.5장, 학습지 1장 분량을 배운다. 일주일 수업을 하면 교과서 4~6장, 학습지 4장 정도 되는데, 그것을 주말 동안 복습하는 것이다. 한 장에 기본 개념을 정리하고, 모아 단원별로 단권화한다. 이렇게 공부하는 것을 나는 압축 공부라고 부른다.

미국에서 인지심리학자이자 학습법 전문가로 유명한 대니얼 T. 윌링햄Daniel T. Willingham 교수는 체계적인 정리란 기억하고자 하는 것들 사이에 연결고리를 형성해 주는 것이라고 말한다. 그 연결고리를 형성하는 데 유용한 것이 한 장 정리와 단권화, 즉 압축 공부다. 시험 직전에 시험 보는 모든 과목을 단권화하려면 시간이 오래 걸린다. 그래서 누적 복습으로 틈틈이 단권화해 두면 추후 시험 기간에 따로 정리할 시간을 들일 필요 없이 요약 내용을 활용하면 된다.

한 장에 정리하기 위해서는 엄선된 과학 개념을 이용해서 최대한 간결하게 압축 정리해야 한다. 그런 결과물을 얻기 위해서는 교과서와 학습지를 보고 또 보며 중요한 것을 추릴 줄 알아야 한다. 단시간에 완성되는 공부법은 아니지만 한번 제대로 익히고 나면 모든 과목의 공부를 효율적으로 할 수 있다.

생명(생명과학)이나 지구와 우주(지구과학) 영역은 그림이 많이 등장하기 때문에 한 장 정리를 할 때 해당 단원의 중요한 그림을 그린 후 개념을 정리하는 방법이 유용하다. 운동과 에너지(물리), 물질(화학) 영역은 그에 반해 그림은 없지만 개념과 각종 그래프가 많이 등장한다. 이때는 서클맵Circle Map을 활용해서 정리하는 것을 추천한다. 서클맵은 싱킹맵Thinking Map의 한 종류로 브레인스토밍, 학습 내용 정리 등 다양하게 활용할 수 있다. 가운데 위치한 원에는 학습 주제를 적고, 그 밖의 원에는 하위 개념을 적어 완성한다. 사진, 그림, 단어, 문장 등 다양하게 표현할 수 있어 긴 글을 적는 걸 어려워하는 아이들도 쉽게 할 수 있다. 그림을 이용한 한 장 정리와 서클맵을 이용한 개념 정리 자료를 부록에 실어 두었으니 과학 공부에 적극 활용하길 권한다(277쪽 참조).

나선형 교육과정인 과학은 이 빠지듯 한두 단원을 건너뛰고 공부할 수 있는 과목이 아니다. 차근차근 다지면서 올라가야 구멍 없이 고등 통합과학까지 매끄럽게 연결되고 좋은 성적을 받을 수 있다. 수업이 끝나고 직후 복습, 요약 복습을 하지 못했다면 반드시 누적 복습을 통해 배운 내용을 이해하고 정리하고 넘어가야 하는 것이다.

실제 나와 함께 수업한 아이들은 이 복습 사이클을 완성했다. 처음에는 힘들어했고 익숙해지기까지 시간이 꽤 걸렸지만, 나중에는 개념 정리부터 단권화까지 해낸 다음 자신들만의 방법을 더해 공부해 나갔다.

그런 아이들은 과학 점수가 높았고, 고등학교에 진학해서 여러 과목에 복습 사이클을 적용하며 전교권 성적을 거두었다.

공부 습관을 들이기란 절대 쉬운 일이 아니다. 선행보다 하기 어려운 게 복습이다. 그러니 아이가 바로 복습 사이클을 만들지 못한다고 해도 절대 실망해서는 안 된다. 충분히 기다려야 하며, 아이가 복습 사이클을 완성하는 데 필요한 도움을 줄 수 있어야 한다.

사교육 시장에서 알려 주지 않는 지필평가 잘 보는 법

성적을 만드는
공부의 원칙

나의 경험과 제자들의 공부하는 모습을 지켜보면서, 중학교 지필평가 공부는 아주 넉넉하게 3주 정도면 충분하다고 생각한다. 현 중학교에서는 부모 세대가 학교에 다닐 때처럼 모든 과목을 시험 보지 않는다. 중간고사는 건너뛰고 기말고사만 지필평가를 보는 과목도 있다. 시험 기간도 중간고사는 2일, 기말고사는 3일 정도이고, 하루에 두세 과목만 시험 치른다.

그런데 간혹 지필평가에 대비해 한 달 이상 수업을 하는 학원들이 있다. 매우 비효율적이고 시간 낭비다. 시험 범위가 발표되면 평소 하던 공부를 멈추고 3주 전부터 지필평가 준비 모드로 전환해도 충분하다. 지금부터 복습을 바탕으로 지필평가 준비하는 법을 알려 주겠다. 먼저 중요한 원칙 세 가지를 살펴보자.

첫 번째, 시험 범위가 넓거나 중요한 과목부터 먼저 공부한다. 아이마다 어려운 과목, 중요한 과목이 있을 것이다. 앞서 말한 기말고사만 보는 과목의 경우에는 그만큼 시험 범위가 넓다. 매일 공부해야 할 과목, 이틀에 한 번으로도 충분한 과목, 단순 암기라 일주일 전에도 충분한 과목 등을 구분해 공부 순서를 정한다.

두 번째, 공부는 교과서와 학습지로 시작하고 마무리한다. 과목별 교과서와 학습지를 먼저 본 후 평가 문제집, 자습서의 문제를 풀어 보고 다시 교과서와 학습지로 마무리한다. 시험 문제는 교과서와 교사가 가르친 부분에서 나오고, 문제집은 내가 개념을 정확히 아는지 모르는지를 확인하는 수단에 불과하다. 따라서 항상 모든 과목의 시험 공부는 교과서와 학습지로 꼼꼼하게 마무리하자.

세 번째, 반드시 이해하고 암기하자. 시험은 머릿속에 있는 개념과 용어를 끄집어내는 인출의 과정이다. 이해 단계에서만 머무르거나 이해를 건너뛰고 단순 암기만 하면 절대 시험을 잘 볼 수 없다. "아는 건데 헷갈려서 틀렸어요." 시험이 끝나고 이런 말을 하는 아이들이 있다. 제대로 이해하고 완벽히 암기했다면 아는데 헷갈려서 틀릴 일은 절대 없다.

중학교 지필평가에서는 단순 암기로 풀 수 있는 지식 위주의 문제가 있다. 하지만 고등학교 지필평가와 수능에서는 그런 문제의 비율이 현저히 줄어든다. 고등 통합과학의 경우 중등 과학 교육과정과의 연계율이 60% 이상이다. 중학교 때 배운 것을 고등학교에서 기억하고 꺼내 쓸 수 있다면 했던 공부를 또 하고, 다시 하는 일은 없을 것이다. 한 번의 점수를 위한 무작정 암기가 아니라 교과서를 읽고 이해가 바탕이 된 암기를 해야 고등 통합과학까지 준비할 수 있다.

혹자들은 중학교 내신은 대학 입시에 들어가지 않으니 적당히 성취도 A를 맞을 만큼만 공부하라고 한다. 매우 위험한 주장이다. 전혀 관련 없어 보이지만 그 기간 동안 공부한 모든 시간이 고등 내신과 대학 입시의 기본기가 된다. 절대 안일하게 생각해서는 안 된다.

효율적인 지필평가 플래닝

시험 범위와 과목별 공부해야 할 목록을 먼저 작성하자. 과목별로 교과서는 몇 번 읽을 것인지, 문제집은 무엇을 얼만큼 복습할 것인지 자세하게 계획을 세우는 것이다.

그다음 3주에 걸친 시험 공부 계획을 세운다. 어려워하는 과목은 매일 공부로 정하되, 하루 공부 분량까지 예상해 작성한다. 계획 1~2주 차에는 하루에 두 과목, 3주 차에는 하루에 세 과목을 묶어서 공부하고, 시험이 있는 주에는 매일 모든 과목을 공부한다.

공부는 하면 할수록 속도가 붙어서 같은 양을 복습해도 시간이 단축된다. 따라서 처음에는 한두 과목만 공부했더라도 시험을 앞두고 여러 과목을 한꺼번에 학습할 수 있는 역량이 생길 것이다. 기말고사는 중간고사보다 과목과 공부할 범위가 늘기 마련이다. 아이 스스로 어떤 과목에 어느 정도의 시간이 필요한지 스케줄을 짜고 공부해 봐야 고등학교에 가서도 지필평가를 잘 준비할 수 있다.

다음은 지난해 중 3학년 중간고사 시기와 범위를 바탕으로 실제 만든 과학 공부 계획표다. 지필평가 계획을 세우는 데 참고하기 바란다.

[시험 범위]

과목	시험 범위	
과학	1. 화학반응의 규칙과 에너지 변화 (1) 물질의 변화 (2) 화학반응의 규칙 (3) 화학반응과 에너지 변화	2. 기권과 날씨 (1) 기권의 층상 구조와 특징 (2) 대기 중의 물

[공부 계획]

- 교과서 4회독(단권화, 백지 테스트)

- 학습지 3번 읽고 정리하기

- 오투 문제집 1번 풀이 후 오답 정리하기

- 틀린 문제 교과서에 표시하고 다시 정리하기
- 교과서와 학습지 문제 다시 풀기
- 마무리는 교과서와 학습지 구석구석 다시 보기

일	월	화	수	목	금	토
4/6	4/7	4/8	4/9	4/10	4/11	4/12 • 영어 • 수학 • 과학 1-1. 물질의 변화, 화학반응식 암기 (교과서+학습지)
4/13 • 영어 • 수학 • 과학 1-2. 화학반응의 규칙 (교과서+학습지)	4/14 • 수학 • 국어	4/15 • 영어 • 수학	4/16 • 수학 • 과학 1-3. 화학반응과 에너지 변화 (교과서+학습지)	4/17 • 영어 • 수학	4/18 • 수학 • 과학 2-1. 기권의 층상 구조와 특징 (교과서+학습지)	4/19 • 영어 • 국어 • 과학 2-2. 대기 중의 물 (교과서+학습지)
4/20 • 수학 • 국어 • 과학 1단원 (단권화 암기)	4/21 • 영어 • 수학 • 국어	4/22 • 영어 • 수학 • 과학 2단원 (단권화 암기)	4/23 • 수학 • 국어 • 과학 1단원 (오투 풀이 및 오답 정리)	4/24 • 영어 • 수학 • 과학 2단원 (오투 풀이 및 오답 정리)	4/25 • 영어 • 수학 • 국어	4/26 • 영어 • 수학 • 국어 • 과학 1~2단원 (교과서+백지 테스트)
4/27 • 영어 • 수학 • 국어 • 과학 1~2단원 (교과서+백지 테스트)	4/28 • 영어 • 수학 • 국어 • 과학 1~2단원 (교과서+학습지 암기)	4/29 • 영어 • 수학 • 국어 • 과학 1~2단원 (교과서+학습지 암기)	4/30 • 영어 • 과학 1~2단원 (교과서+학습지 암기)	5/1 중간고사 영어, 과학 • 수학 • 국어	5/2 중간고사 수학, 국어	5/3

애써 계획을 세웠는데 밀렸다면 어떻게 해야 할까? 뜻대로 되지 않는 게 사람 일이다. 중학교의 경우, 평일은 7교시를 하고 오후 4시 30분 정도에 끝난다. 하교 후 학원에 가는 시간을 고려하면 오롯이 공부할 수 있는 시간은 많아야 하루 2~3시간이다. 따라서 주말에 공부 시간을 최대한 확보해야 한다. 주말에 공부를 많이 할 수밖에 없고, 그렇게 해야 한다는 의미다. 평일에 공부 계획을 지키지 못했다면 그 밀린 계획을 주말에 할 수 있도록 시간을 안배할 줄 알아야 한다. 시험 당일은 오전에 두세 과목을 치르고 급식을 먹고 하교한다. 이때도 시험이 끝났다고 놀지 말고 오후 시간에 다음 날 시험 볼 과목에 최대한 힘을 쏟아 공부하는 게 좋다.

1년 중 가장 신경 써야 할 시험은 맨 처음 보는 시험이다. 과목 담당 교사는 1년에 많게는 네 번, 적게는 두 번의 시험 문제를 출제한다. 따라서 첫 시험이 끝나면 교사의 출제 방향과 문제 유형을 분석해야 한다. 문제별로 교과서 출제, 학습지 출제 여부를 표시해 두자. 출제 빈도를 통해 다음 시험에서 무엇에 더 집중해야 할지 알 수 있다. 이 분석이 남은 시험의 길잡이 역할을 톡톡히 할 것이다.

틀린 문제는 왜 틀렸는지, 어떤 유형인지 파악해야 한다. 개념이 부족해서, 풀이를 잘못해서, 단순히 실수로, 시간이 부족해서 등 틀린 원인을 복기하는 시간을 가지자. 틀린 문제 유형이 탐구 실험과 자료 해석인지, 실생활 연계인지, 개념 문제인지, 계산 문제인지 등도 알아야 한다. 그래야 내가 취약한 부분을 알게 되고, 수업에 더 집중하게 되고, 시험을 대비할 수 있다. 시험이 끝난 후 시험지를 복기하는 아이들은 정말 드물다. 하지만 이 복기 과정까지가 지필평가 준비 과정이라고 말해 주고 싶다.

중등 과학
문제집 추천

문제집(출판사)	특징
오투 중등 과학(비상교육)	학년별 내신 준비에 유용하다. 특히 개념 응용 수준의 다양한 문제, 그래프 실험 분석 문제 등 서술형 문제가 좋다.
완자 중등 과학(비상교육)	자습서처럼 설명이 자세하고, 간단한 개념 위주의 문제를 다룬 문제집이다. 개념 이해가 어려운 학생, 미리 중등 과학을 혼자 공부해 보고 싶은 학생에게 적합하다.
중학 과학 개념 끝장내기*(한국교육방송공사)	물·화·생·지 총 4권으로 구성된 중등 과학 영역별 문제집이다. 영역별 특성에 맞춰 공부하기에 적합하며, EBS 강좌를 들으며 개념을 정리하고 문제를 풀어 볼 수 있다.
ESC(천재교육)	중 1~3학년 과학을 영역별로 한 권에 정리한 기본서다. 예습과 복습을 영역별로 할 수 있다.
하이탑 중학교 과학(동아출판)	중등 과학의 심화 교재로, 영재고·과학고를 준비하는 학생들이 필수로 보고 있다.
창의력과학 세페이드(무한상상)	물·화·생·지 2권씩 총 8권으로 구성된 영역별 과학 심화서다. 이 교재 또한 영재고를 준비하는 학생들이 이용한다.

• 위 목록에서 「중학 과학 개념 끝장내기」는 현재 절판 상태이지만 정말 좋은 문제집이라고 생각해 추천한다.

최상위권이 되는 길은
언제나 기본에

공부하다 보면 아이나 부모나 양적 팽창이 무조건적인 성장을 불러
온다는 생각에 사로잡히곤 한다. 공부량이 적거나 성적이 하위권인 아
이들은 애초에 쌓아 놓은 게 없다 보니 양적으로 채워 줘야 하고, 채우
는 대로 티가 나기 마련이다. 그러나 공부에서 무언가를 더한다고 해서
더 좋은 결과가 나오는 데는 한계가 있다.

흔히 우리 몸의 움직임을 만드는 근육을 겉 근육이라고 하며 골격을
지탱하고 자세를 바르게 유지해 주는 근육을 코어 근육이라고 한다. 공
부를 근육에 비유하면 양적 팽창은 겉 근육을, 질적 성장은 코어 근육
을 키우는 것과 같다. 한마디로 코어 근육은 공부의 기본이라고 할 수
있다.

최상위권에서 흔들리지 않는 아이 대부분은 코어 근육을 키우고 강화하는 공부를 한다. 중상위권까지는 양적으로 승부가 가능하지만 공부머리를 타고난 아이들이 몰려 있는 상위권부터는 질적으로 승부해야 이길 수 있기 때문이다. 아무리 강력한 무기를 많이 갖춘다고 해도 제대로, 끝까지 휘두를 수 있는 상태가 아니면 모두 무용지물일 뿐이다.

교과서 위주로 공부하기

"교과서 위주로 공부했어요."

수능 만점자만의 특별한 공부법을 듣고 싶어 던진 질문에 모두가 짜기라도 한 듯 비슷한 대답을 한다. 그만큼 너무 뻔한 이야기라 식상할 수 있지만, 되짚어 보면 그것이 학년급이 변해도, 시대가 변해도 불변한 공부 잘하는 법이라는 말이기도 하다.

그런데 여기서 포인트는 교과서 '위주'이지 교과서'만'이 아니다. 착각해서는 안 된다. 앞서 말했듯이 내신 시험은 과목 담당 교사가 교과서와 수업 내용을 바탕으로 출제한다. 수업은 교과서를 중심으로 이루어지고, 수업을 위해 교사가 직접 만든 학습지 역시 교과서를 기반으로 한다. 매 수업은 시험 출제자 직강이고, 교과서는 시험 문제와 답이 적힌 핵심 자료인 셈이다. 최소한 지필평가 성적이라도 잘 받고 싶다면 교과서 위주로 공부해야 하는 것이다.

하지만 그동안 학교에서 만난 아이들 중 교과서 위주로 공부한 아이는 손에 꼽힌다. 대다수의 아이가 한 학년에 네 번 보는 시험을 늘 같은 패턴으로 공부하고, 끝나면 시험 문제가 어려웠다고 말한다. 공부를 잘하고 싶은 마음은 크지만 교과서 위주로 공부해야 좋은 성적을 받는다는 사실을 모르고 헤매는 것이다. 학교에서 배우는 기본은 교과서라는 상징물 안에 들어 있다. 교과서로 중심을 잡고 부가적인 부교재나 참고서를 덧붙여 나가며 공부해야 무너지지 않는 축을 만들 수 있다.

✦ 숲을 파악하는 차례 보기

교과서 위주의 공부를 시작할 때는 가장 먼저 차례를 훑어보며 핵심 내용을 파악한다. 대단원, 중단원, 소단원 제목을 보며 어떤 내용을 배울지 머릿속에 그림을 그려 보는 것이다. 차례는 학습의 기본 뼈대와 같다. 점토로 작품을 만들 때 뼈대를 만들고 살을 붙여 가듯, 차례를 보는 것은 이후 학습 내용에 살을 붙여 나가기 위한 준비 작업이다. 그렇다면 최악의 공부법은 무엇일까? 이와 반대로 교과서는 아묻따(아무것도 묻지도 따지지도 않고) 덮어 두고 문제집부터 푸는 공부다. 정말 지양해야 한다. 중등 과학을 공부할 때 문제집은 교과서 읽기와 정리가 끝난 다음 한 권 정도 풀어 보기를 권한다.

✦ 목표를 보고 공부 방향 설정하기

아이들에게 공부는 망망대해에 배를 띄우는 것과 같다. 그곳에서 방향을 잃은 배를 상상해 보자. 생각만 해도 아찔하지 않은가? 가야 할 곳을 확실히 아는 아이라면 길을 헤매지 않고 올바른 방향으로 나아갈 것이다.

과학 공부의 방향은 교과서 '학습 목표'에 나와 있다. 학습 목표란 단원에서 배워야 할 가장 중요한 내용을 나타낸 것이다. 성취 기준을 알려 주며 평가 기준이 되는 부분이기에 시험과 공부에 있어 아이가 나아가야 할 방향이라고 할 수 있다. 그러므로 학습 목표를 확인하고 완전히 자기 것으로 만드는 습관을 들여야 한다.

[학습 목표-예시]

Ⅰ. 지권의 변화 ⟵ 대단원
  1. 지구계와 지권의 층상 구조 ⟵ 중단원
    (1) 지구계 ⟵ 소단원
    학습 목표: 지구계를 구성하는 요소를 설명할 수 있다.

    (2) 지권의 층상 구조와 특징
    학습 목표: 지권의 층상 구조와 그 특징을 이해하고, 설명할 수 있다.

[성취 기준-예시]

- 지구계의 구성 요소를 알고, 지권의 층상 구조와 그 특징을 조사·발표할 수 있다.

- 지각을 이루는 암석을 생성 과정에 따라 분류하고, 암석의 순환 과정을 설명할 수 있다.
- 대륙이동설을 이해하고, 지진과 화산이 발생하는 지역의 분포를 판의 경계와 관련지어 설명할 수 있다.

[문제-예시]

1. 지구에는 여러 권이 서로 영향을 주고받으며 계를 이루고 있는데, 이를 (　　)이라고 한다. 이것을 구성하는 요소에는 어떤 것이 있는지 모두 쓰시오.

2. 다음은 지구 내부의 구조를 나타낸 것이다. A~D의 특징을 쓰시오.

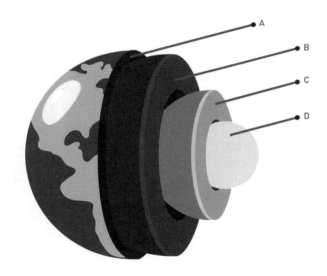

최소 3~5번
읽기

"선생님 다 읽었어요!"

"벌써?"

분명 교과서를 읽어 보라고 시간을 준 지 채 5분도 되지 않았는데, 그 많은 양을 벌써 다 읽었다고 말하는 아이들. 대충 훑어보고 다 읽었다고 큰소리치는 아이들은 어느 반에나 있다. 특히나 쇼츠, 숏폼, 릴스에 익숙한 아이들은 교과서든 책이든 빠르게 쓱 보는 습관이 생겨 고치기 힘들다. 중학교, 고등학교로 갈수록 교과서 텍스트 길이가 길어지고 외울 것이 많아지는데 대충 보고 읽는 습관이 굳어진 아이들은 좋은 성적을 받기 어렵다.

그래서 내가 교과서 위주의 공부에서 강조하는 부분은 여러 번 읽기다. 앞서 복습을 이야기할 때도 말했던 부분이다. 교과서는 최소 세 번 이상은 읽어야 하며, 그중에서 가장 처음 읽을 때 집중해서 봐야 한다. 처음보다 두 번째, 세 번째 볼 때 더 많은 내용이 눈에 들어온다고 착각하지만 오히려 처음 볼 때 무심코 넘긴 내용은 이후에도 눈에 잘 들어오지 않는다. 놓친 부분을 계속 놓치게 되어 결국에는 그런 내용이 있었는지 기억조차 하지 못한다.

과학 교과서에는 실험, 그래프, 사진 등의 시각 정보가 다른 과목에 비해 많다. 시각 정보라고 중요하지 않다고 생각해 대충 넘어가서도 안

되고, 시각 정보를 보느라 글(언어 정보)을 대충 읽어서도 안 된다. 앞서 초등 편에서도 말했지만 시각 정보와 언어 정보를 함께 봐야 장기 기억으로 만들기 쉽다(51쪽 참조).

이런 세세한 부분까지 꼼꼼히 살펴야 과학 교과서를 제대로 읽었다고 할 수 있다. 읽기도 읽을수록 시간이 단축된다. 처음이 힘들지 두 번, 세 번 읽으면서 속도감을 느끼고 이해가 빨라지는 효과를 경험한 아이들은 시키지 않아도 스스로 교과서를 반복해 읽는다.

소리 내어
설명하기

아주대 심리학과 김경일 교수는 세상에 두 가지 종류의 지식이 있다고 한다. 하나는 안다는 느낌은 있지만 설명하지 못하는 지식, 다른 하나는 안다는 느낌도 있고 설명도 할 수 있는 지식. 둘 중 어느 지식이 진짜 지식일까? 무엇을 안다는 것은 주어진 내용을 이해하는 수준을 넘어 다른 사람에게 설명할 수 있어야 한다. 안다는 느낌도 있고 설명도 할 수 있는 지식이 진짜 지식이다.

미국의 행동과학연구소 NTL^{National Training Laboratories}에서 발표한 학습 효율성 피라미드에 따르면, 수업을 듣기만 하면 학습 효과는 5%이지만 배운 내용을 말로 설명하면 90%라고 한다.

상대에게 설명하기 위해서는 내 머릿속에서 정리가 되어야 한다. 설명하다 보면 내가 아는 것과 모르는 것을 구분해 낼 수 있으며, 아는 것을 정확하게 표현할 수 있고, 머릿속의 지식들이 유기적으로 연결된다. 구조화, 정교화가 되고 메타인지 능력이 높아지는 것이다. <성적을 부탁해 티처스>라는 방송 프로그램에서 참가한 아이가 화이트보드에 핵심어를 쓰고 설명하면서 공부하는 장면이 많이 나오는 이유도 이 때문이다.

나 역시 아이들에게 과학을 가르치다 보면 머릿속에서 더 잘 이해되고, 같은 내용이라도 첫 번째 수업보다 두 번째 수업에서 더 쉽고 명료하게 설명하게 된다. 그래서 실제로도 수업 시간에 한 단원이 끝날 때쯤 모둠별로 교과서를 보며 한 장으로 요약하고 설명하는 방식으로 아이들의 입을 여는 교수법을 많이 활용하고 있다

그 과정에서 아이들은 배운 내용을 한 장에 정리하기 위해 복습하게 되고 알 듯 말 듯 헷갈리던 내용들을 이해한다. 친구들에게 쉽게 설명하기 위해 불필요한 정보는 버리고, 필요한 정보를 적절하게 전달하는 방법을 생각해 내기도 한다. 이 방법은 공부 효율성과 메타인지 능력 향상이라는 두 마리 토끼를 잡을 수 있으니 꼭 해 보기를 권유한다.

셀프
백지 테스트

<시사기획 창>에서 2014년 방송한 '전교 1등은 알고 있는 공부에 대한 공부' 편을 보면 메타인지와 성적에 관한 흥미로운 연구가 나온다. IQ와 달리 메타인지는 훈련을 통해 향상할 수 있으며, 메타인지를 향상하기 위해 공부한 내용을 기억에서 꺼내는 노력을 많이 할수록 장기 기억으로 전환이 잘된다는 것이다.

이때 반복해서 읽기만 하는 행위는 '알고 있다. 공부가 잘 되고 있다'는 착각을 일으켜, 뇌는 편안한 상태가 되고 스트레스를 전혀 받지 않는다고 한다. 그러나 쉽게 배운 건 쉽게 잊어버리며 다 알고 있다는 착각으로 인해 학습은 거기에서 멈춘다고 한다. 반면 읽은 내용을 제대로 알고 있는지 스스로 확인하는 백지 테스트의 경우 뇌에서 생각을 끄집어내야 하기에 장기 기억으로 전환하는 데 큰 도움이 된다고 한다. 제대로 이해했는지, 안다고 착각한 것은 없는지 끊임없이 자신의 언어로 정리하는 시간은 많은 이에게 스트레스로 다가오기 마련이다. 그렇지만 힘들게 공부한 만큼 더 오래 기억에 남고 무엇을 더 공부해야 할지 스스로 깨닫기 때문에 메타인지가 높아진다.

셀프 백지 테스트를 하는 방법은 간단하다. 평소 복습하며 만든 단권화 자료를 읽은 후, 자료를 덮고 백지에 기억나는 내용을 키워드 중심으로 적는다. 이후 교과서를 펼쳐서 백지에 적은 내용과 비교하고 빠진 부분은 교과서에 색깔 펜으로 표시한다. 적은 내용이 틀려도 괜찮다. 테스트 과정에서 끄집어낸 결과가 틀릴지라도 올바른 피드백 과정이 더해진다면 장기 기억으로 전환되는 데 문제가 없다고 한다. 마지막으로 시험 전 교과서를 다시 볼 때 표시된 부분을 유심히 읽는다. 당장은 시간이 오래 걸리고 힘들어 보일 수 있다. 하지만 셀프 백지 테스트를 여러 번 해 보면 머릿속에 학습한 내용이 요약되고 구조화되어 시험 문제를 풀 때 자동적으로 해당 내용이 떠오르게 될 것이다.

백지 테스트는 특히 암기와 복습이 필요한 생명(생명과학), 지구와 우주(지구과학) 영역에서 유용한 방법이다. 그래서 나는 해당 영역을 가르칠 때 수업 중 아이들에게 백지 테스트를 경험하게 한다. 칠판에 그림만 그리고 아이들이 수업에서 배운 내용을 채워 넣는 방식이다. 이런 백지 테스트를 두 번가량 경험시키고, 이후에는 아이들에게 개별로 백지 테스트 과제를 낸다. 방법은 하기 나름이라 그림이 필요한 경우에는 직접 그리거나 필요한 그림을 찾아 붙이기도 한다. 실제로 문제집을 잘라서 붙인 아이도 있었다.

실험이 있는 경우에도 백지 테스트는 유용하다. 앞서 말했지만 출제 빈도가 높은 탐구 실험 관련 문제는 어렵다. 실험에서 조작 변인과 종속 변인의 관계를 파악하고, 자료를 표에서 그래프로, 그래프에서 표로 변환하고, 실험 결과를 해석할 수 있어야 한다. 실험 내용을 백지 테스트로 한 장에 정리하고 인출해 본 아이들은 탐구 실험 문제를 만나도 어려워하지 않았다. 백지 테스트를 통해 표에서 조작 변인은 왼쪽 열, 종속 변인은 오른쪽 열에 있고, 그래프에서 조작 변인은 x축, 종속 변인은 y축에 있다는 사실을 잘 알고 있기 때문이다. 당연히 표나 그래프를 보며 실험 결과를 해석하고 표를 그래프로, 그래프를 표로 변환할 수도 있었다.

출제자가 되어
예상 문제 만들기

내가 중학교 1학년 때 있었던 일이다. 시험을 며칠 앞두고 과학 시간에 자습이 주어져 교과서를 보며 공부하고 있었다. 당시 담임이 과학을 담당하고 있었는데, 갑자기 내 이름을 부르셨다.

"예정이가 나와서 주관식 예상 문제를 출제해 볼래? 시험 범위에서 공부한 부분을 바탕으로. 만약 네가 선생님이라면 어떤 문제를 낼 건지 친구들한테 이야기해 봐."

얼떨결에 앞으로 불려 나가 떨리긴 했지만 공부한 부분에서 시험에 나올 만한 문제를 친구들에게 이야기했다. 20년도 더 지난 일이지만 그때 일을 지금도 생생히 기억하는 건, 내가 낸 주관식 문제 5개 중 3~4개 정도가 시험에 비슷하게 나와서 친구들에게 고맙다는 인사를 많이 받았기 때문이다. 그날의 기억이 나에게 각인이 되어서 학창 시절 동안 시험 기간에는 스스로 출제자가 되어 시험 예상 문제를 만들어 보는 습관이 생겼다.

시험 기간에 자습 시간을 주면 교실 풍경은 딱 반으로 나뉜다. 할놈할(공부할 놈은 한다)과 잘놈잘(잠잘 놈은 잔다)이다. 그래서 나는 시험 기간에도 아이들에게 별도의 자습 시간을 주지 않는다. 대신 아이들 스스로 출제자가 되어 예상 문제를 5~10개가량 만들어 보고, 그 문제를 모둠별로 공유하게 한다.

출제자가 되어 예상 문제를 만들어 보는 건 두 가지 효과가 있다. 문제를 내기 위해서는 개념을 정확히 알아야 한다. 설명할 수도 있어야 한다. 시험 범위까지 공부를 해야만 가능한 일이다. 문제를 만들지 못한다면 제대로 공부가 되지 않았다는 걸 의미한다. 수업을 듣는 동안, 시험에 대비해 자료를 보는 동안, 아이들은 마치 다 안다고 착각하기 마련이다. 그러다 막상 시험 문제를 풀려고 하면 전혀 기억이 나지 않는다. 이런 경험을 누구나 해 봤을 것이다. 예상 문제를 출제할 때 막힌다면 그 부분은 아직 내 것이 되지 않은 것이다. 기억하지 못하는 지식, 설명하지 못하는 지식은 내 것이 아니다. 예상 문제를 만들면서 아이들은 '진짜 내 것이 되는 공부'를 할 수 있다.

내가 미처 생각지도 못한 예상 문제를 친구가 출제한 경험, 내가 낸 예상 문제가 실제 시험에 나온 경험을 한 아이들은 시험 공부할 때 어떤 부분에 집중해야 하는지 감을 찾기도 한다. 실제로 몇 년 전 2학기 중간고사가 끝나고 3학년 어떤 반에서 난리가 난 일이 있었다. 학생 중 한 명이 만든 예상 문제와 비슷한 문제들이 과학 시험에 나온 것이었다. 물론 정해진 범위 안에서 한정된 문제가 나올 수밖에 없다. 당연히 가능성이 높은 일이지만 그 반 아이들에게는 굉장히 놀라운 경험이었다. 그때 예상 문제를 만든 아이는 어떻게 되었을까? 고등학교에 올라가서도 수업 시간마다 어떤 문제가 시험에 나올지 예상하며 들었고, 수능에서 좋은 성적을 거두어 현재 SKY 공대 중 한 곳에 재학 중이다.

중학교에서 학원 수업과 문제 풀이 공부를 고수하는 아이들을 보면 안타까움을 느낀다. 잘못된 선택의 결과는 좌절과 후회였다. 많은 아이가 노력 대비 낮은 성적에 번번이 실망하다 자신의 역량 탓이라고 생각해 공부를 포기했다.

수능의 최전선인 고등학교보다 중학교 3년이 중요한 이유는 몇 번의 시험을 치르며 공부감을 얻고 나만의 공부 방법을 찾을 수 있는 시기이기 때문이다. 이는 특별한 아이들만의 경험이 아니다. 누구나 올바른 방법으로 공부할 때 비로소 공부가 재밌어지는 경험을 하게 되고, 그로 인해 공부에 대한 자신감이 생기고 더 잘하고 싶은 마음이 싹튼다.

학습의 모든 주체는 '학생 자신'이어야 한다. 내가 주인이 된 공부가 몸에 배지 않으면 승부를 가려야 할 고등학교 시기에 위태롭게 된다. 현재 아이가 공부의 주인이 되어 공부하고 있는지 점검해 보기 바란다. 만약 부모나 학원 강사가 이끄는 대로 따라만 가는 공부를 하고 있다면 늦기 전에 아이가 제자리를 찾게 해야 한다. 나만의 공부법을 고등학교 입학 전인 중학교 시절에 발견해야 한다. 아이가 책상에 앉아 시간만 흘려 보내는 게 아니라 의미 있는 노력으로 시간을 알차게 채워 나가며 성장하길 바란다면, 그 방법을 찾을 수 있도록 기회를 열어 주자.

과학 교과서로
고등 국어 비문학 공부까지 해결

　과학 개념과 원리는 학교에서 배우는 과학 교과서에 들어 있다. 학교에서 교사는 교과서를 바탕으로 수업하고 지필평가 문제를 출제한다. 공교육 정상화, 공정한 수능을 지향하는 현 상황에서는 수능 문제 또한 각 과목의 교육과정과 교과서에 기초해 출제하고 있다.

　그래서 중학생 때는 일부러 비문학 독해 공부를 하고 문제집을 풀며 공부 가짓수를 늘리는 것보다 과학 교과서 읽기를 먼저 시작해야 한다. 애써 남들이 좋다고 하는 책을 찾아 읽기 전에 교과서를 제대로 읽으며 비문학 독해력의 밑바탕부터 만드는 게 중요하다. 과학 교과서의 지문이 완벽한 비문학 지문이기 때문이다.

　다음에 나오는 중 2학년 과학 <동물과 에너지> 단원의 일부 내용을 살펴보자.

V. 동물과 에너지

5. 배설

(1) 배설계의 구조와 기능

세포에서 영양소가 분해되면 어떤 물질이 만들어지고, 만들어진 물질이 어떤 방법으로 몸 밖으로 나가는지 알아보자. **요소와 같은 노폐물은 오줌에 포함되어 배설계를 통해 몸 밖으로 나간다.** 그림과 같이 **배설계는 콩팥, 오줌관, 방광, 요도 등의 배설 기관으로 이루어져 있으며, 오줌의 생성과 배설에 관여**한다. 콩팥은 겉질, 속질, 콩팥 깔때기의 세 부분으로 구분한다. **콩팥의 겉질과 속질에는 오줌을 생성하는 기본 단위인 네프론이 있으며, 네프론은 사구체, 보먼주머니, 세뇨관으로 이루어진다.** 네프론에서는 혈액 속의 노폐물이 걸러져 오줌이 만들어진다. 네프론에서 만들어진 오줌은 콩팥 깔때기를 거쳐 오줌관을 따라 흘러 방광으로 이동한다. 방광에 모인 오줌은 요도를 통해 몸 밖으로 나간다.

(2) 오줌의 생성과 배설

오줌이 생성될 때 여과, 재흡수, 분비가 일어난다. **여과**는 크기가 작은 물질이 사구체에서 보먼주머니로 이동하는 현상으로, 혈구와 단백질은 크기가 커서 여과되지 않는다. **재흡수**는 여과액이 세뇨관을 흐르는 동안 여과액에 포함된 물질 중 몸에 필요한 물질이 세뇨관에서 모세 혈관으로 이동하는 현상이고, **분비**는 여과되지 않고 혈액에 남아 있는 노폐물이 모세 혈관에서 세뇨관으로 이동하는 현상이다.

_ 김성진 외, <중등 과학2 교과서, 178~180쪽, 2015 개정 교육과정>, 미래엔

그리고 이 내용을 기반으로 한 문제가 2017년 고1 6월 모의고사 국어 영역 28~32번 문항에 등장했다. 지문은 신장이 노폐물을 거르는 원리와 과정, 인공 신장의 물질 여과 원리를 담고 있었다. 이와 관련해 신장의 주 기능인 노폐물 제거를 통한 인체의 항상성 유지, 신장과 인공 신장의 공통점, 혈액 투석기에 대한 과학적인 지식과 이해를 묻는 3문항을 풀어야 했다.

중2 과학 수업에서 '배설'을 가르친 후 문제를 풀어 보게 하면 아이들 반응은 의외로 뜨겁다.

"선생님 고등학교 문제도 풀만 한데요."

배우고 있는 단원과 연계된 수능 문제나 고등 모의고사 문제를 풀리는 이유는 아이들의 반응에서 고스란히 드러난다. 막연하게 고등학교 공부, 수능 시험 문제가 어렵다고 생각하는 아이들에게 '할 만하다', '하면 된다'는 기분을 느끼게 하기 위함이다. 과학 교과서만 제대로 공부해도 국어 비문학에서 과학과 관련한 지문에 겁먹을 필요가 없다.

2022 개정 교육과정에 따르면, 중 2학년 <빛과 파동> 단원에서 일상생활에서 사용하는 거울과 렌즈의 종류를 분류하고, 돋보기처럼 가운데가 볼록한 볼록렌즈와 안경처럼 가운데가 오목한 오목렌즈를 통해 보이는 상의 특징을 비교한다. 교육과정상 중 3학년 <자극과 반응>의 감각 기능과 연계되어 '눈의 구조와 기능'을 배울 때 다시 소환된다. 그런데 이 내용에 기초한 지문과 문제가 2024년 고1 9월 모의고사 국어 영역에 등장한 적이 있다.

청소년의 눈 건강을 주제로 초고를 쓴다는 상황과 그 글의 내용이 지문으로 주어졌다. 풀어야 하는 3문항 중 하나는 지문을 제대로 읽기만 하면 될 만큼 단순했고, 다른 하나는 초고에 적절한 제목을 고르는 문제였다. 여기까지만 보면 작문과 관련된 비문학 문제처럼 보일 것이다. 그러나 3점 배점의 마지막 문항은 초고를 작성하기 위해 수집한 자료를 분석하고 활용하는 활동과 관련한 문제였다. 앞서 말했듯이 중 2학년 <빛과 파동>, 중 3학년 <자극과 반응> 단원을 교과서 중심으로 제대로 공부하고, 표나 그래프 등의 통계 자료를 변환하고 해석하는 탐구 활동을 수업 시간에 충실히 했다면 문제를 푸는 데 어렵지 않았을 것이다.

　공부할 시간도 부족한 아이들의 입장에서는 무엇이 나올지 모르는 비문학 문제를 풀기 위해 방대한 책을 붙들고 있기가 현실적으로 불가능에 가깝다. 따라서 학교 교육과정 안에서 이루어지는 수업 활동에 충실히 참여하며 그것을 내재화하는 것이 어찌 보면 가장 쉽고 빠른 방법이지 않을까. 과학 이외에도 모든 과목의 교과서가 훌륭한 비문학 자료다. 그러니 반드시 중학교부터는 교과서를 제대로 읽기 바란다.

과학 수행평가
어떻게 해야 할까?

평가 기준만 제대로 알면
문제없다

다시 말하지만 중학교 내신은 지필평가, 수행평가라는 두 개의 큰 축으로 이루어진다. 1학년 자유학기에는 수행평가 성적이 100%, 그 외 일반학기에는 지필평가, 수행평가 성적이 정해진 비율에 따라 내신에 반영된다. 따라서 지필평가, 수행평가 성적이 모두 내신에 포함될 때는 둘 다 좋은 점수를 받아야 한다. 어느 하나를 백 점 맞는다고 해도 다른 하나의 점수가 낮으면 반영 비율에 따라 학업 성취도는 낮아질 수밖에 없다. 그만큼 중학교에서는 지필평가만큼 수행평가 성적도 중요하다.

또한 중학교 생기부에는 아이들의 수업 참여도 및 태도, 지필평가, 수행평가 등이 기록된다. 그중 교육과정에서 필요로 하는 핵심 역량이 드러나는 게 바로 수행평가다. 아이가 수행평가를 하면서 핵심 역량을 보여 주거나 성장하는 모습을 보여 준다면 생기부의 기록은 당연히 좋을 수밖에 없다.

수행평가는 학교 및 과목 특성에 따라 다양한 방법으로 진행될 수 있고 학교별, 학년별 평가 기준이 다를 수 있으니 평가 계획서를 보며 정확하게 숙지해야 한다. 특히 과학의 경우 실험·실습, 서·논술(글쓰기), 포트폴리오, 프로젝트, 토의·토론, 발표 등 다양한 방식으로 수행평가가 이루어진다.

유형	방법	특징
실험·실습	실험·실습을 한 다음 그 과정이나 결과에 대해 보고서를 써서 제출하고, 보고서와 함께 학생의 실험·실습 과정을 관찰해 종합적으로 평가하는 방법	실험·실습을 위한 기자재의 조작 능력, 태도, 지식을 적용하는 능력, 협력적 문제해결력 등을 종합적으로 평가
서·논술	한 편의 완성된 글로 답을 작성하는 방법	학생의 생각이나 의견을 논리적으로 작성해야 하므로 표현의 적절성부터 창의성, 문제해결력, 비판력, 통합력, 정보 수집 및 분석력 등의 사고 능력까지 평가
포트폴리오	학습 결과물을 체계적으로 누적한 작품집 혹은 서류철을 이용한 평가 방법	학생의 성장 과정을 한눈에 보며, 강점이나 약점, 성실성, 잠재력 등을 종합적으로 파악하고 유용한 피드백을 제공
프로젝트	특정한 연구 과제나 산출물 개발 과제 등을 수행한 다음 프로젝트의 전 과정과 결과물(보고서, 산출물)을 종합적으로 평가하는 방법	계획서 작성 단계부터 결과물 완성 단계에 이르는 전 과정을 중시하며 평가

토의·토론	서로 다른 의견을 제시할 수 있는 주제에 대해 개인별 또는 모둠별로 토의·토론하는 과정을 관찰하여 평가하는 방법	사전에 준비한 자료의 다양성, 적절성, 토의·토론 내용의 논리성, 상대 의견을 대하는 태도, 진행 방법 등을 종합적으로 평가
발표	특정 주제에 대해 자신의 의견이나 생각을 발표하고 그에 대해 평가하는 방법	준비성, 이해력, 표현력, 판단력, 의사소통 능력 등을 직접 평가. 교사가 평가 범위를 사전 제시하고 범위 안에서 그중 하나를 고르면 학생이 발표하거나 사전에 공지된 평가 문항 중 하나를 아이 스스로 골라 발표

자, 그렇다면 다양한 수행평가를 잘하기 위해 가장 필요한 것은 무엇일까? 바로 학교 알리미 사이트에 올라온 수행평가 관련 내용을 확인하는 것이다. 평가 계획서에서 평가 영역과 시기를 확인한 다음 교과서 차례에 해당 단원을 표시해 놓자. 교사가 학기 초에 공지, 수행평가 전 재공지를 하겠지만 차례에 미리 표시해 두면 해당 단원의 수업 시간에 더욱 집중해서 듣고, 어떤 내용이 수행평가로 나오는지도 재빨리 캐치할 수 있다.

다음 평가 계획서를 살펴보자. 실제 중 2학년 1학기에 <물질의 구성> 단원에서 진행된 수행평가로, 실험(앙금 생성 반응)을 통해 이온이 전하를 띠고 있음을 확인하고 이온의 종류와 활용을 알아내는 과정을 보고서로 작성하는 것이었다.

평가 영역	탐구 실험 I	반영 비율		20%
성취 기준		성취 수준		
이온의 형성 과정을 모형과 이온식으로 표현하고, 이온이 전하를 띠고 있음을 설명할 수 있다	상	원자가 원자핵과 전자로 구성되어 이온의 형성 과정을 모형과 이온식으로 표현하고, 이온이 전하를 띠고 있음을 확인할 수 있는 앙금 생성 반응 탐구 활동을 통해 이온의 존재를 확인하고 설명할 수 있다		
	중	원자가 원자핵과 전자로 구성되어 있음을 알고 이온의 형성 과정을 모형과 이온식으로 표현하고, 이온이 전하를 띠고 있음을 확인할 수 있는 앙금 생성 반응 탐구 활동을 수행할 수 있다		
	하	원자가 원자핵과 전자로 구성되어 있음을 알고 앙금 생성 반응 탐구 활동을 수행할 수 있다		

평가 요소 세부 내용	채점 기준	배점
이온의 형성 과정을 모형으로 설명할 수 있는가?	이온 모형과 이온의 형성 과정을 과학적으로 옳게 설명함	25
	이온 모형은 옳으나, 이온의 형성과정 설명이 부분적으로 옳음	23
	이온 모형 또는 이온의 형성 과정 설명이 부분적으로 부족함	21
	이온 모형과 이온의 형성 과정 설명이 모두 부족함	19
실험 활동 결과를 분석하여 이온이 전하를 띠고 있음을 실험적으로 설명할 수 있는가?	실험 과정과 결과 분석이 과학적으로 옳음	25
	실험 과정과 결과 분석이 부분적으로 옳음	23
	실험 과정 또는 결과 분석이 옳지 못함	21
	실험 과정과 결과 분석이 모두 옳지 못함	19
앙금 생성 반응을 통해 미지의 용액에 들어 있는 이온을 찾아낼 수 있는가?	실험 결과로부터 이온을 3개 이상 찾음	25
	실험 결과로부터 이온을 2개 찾음	23
	실험 결과로부터 이온을 1개 찾음	21
	실험 결과로부터 이온을 찾지 못함	19
일상생활에서 볼 수 있는 앙금 생성 반응을 사례를 들어 논리적으로 설명하고, 실생활에서 다양한 이온의 활용을 논리적으로 추론할 수 있는가?	앙금 생성 반응 사례와 이온의 활용을 논리적으로 추론함	25
	앙금 생성 반응 사례와 이온의 활용이 부분적으로 옳음	23
	앙금 생성 반응 사례 또는 이온의 활용이 논리적이지 못함	21
	앙금 생성 반응 사례와 이온의 활용 모두 논리적이지 못함	19
백지 제출, 자발적 미참여한 경우		0

평가 계획서를 볼 때 가장 중요한 것이 '채점 기준'이다. 예시로 든 평가 계획서에서 채점 기준을 보면, '앙금 생성 반응을 통해 미지의 용액에 들어 있는 이온'을 몇 개 찾았는지에 따라 점수가 달라진다. 3개를 모두 찾아야 25점 만점을 받을 수 있다. 교사의 안내에 따라 실험하고 보고서를 잘 작성하면 되는 일이니 쉬울 거라고 생각하겠지만, 평가 계획서를 꼼꼼하게 확인하지 않아 점수를 놓치는 아이들이 있다. 실제로 만점일 거라고 큰소리친 아이들이 채점 기준에 못 미처 차점(최고점이나 기준점에 다음가는 점수)를 받고 아쉬워하는 경우가 많다. 차린 밥상을 제대로 먹지 못하는 격이니 얼마나 안타까운가. 수행평가에서는 채점 기준을 반드시 확인해야 한다. 이것이 가장 중요하다.

다음으로 중요한 것이 '마감일'이다. 포트폴리오처럼 일부 수행평가에는 기한이 있다. 교사가 공지하는 기한에 맞춰 제출해야 하는 것이다. 그 시기를 넘기면 아무리 꼼꼼하게, 빠짐없이, 완벽하게 만들어 냈다고 해도 감점이나 최하점을 받을 수 있다.

발표를 잘하기 위한
몇 가지 조언

아이의 자신감과 발표 능력을 길러 준다는 명목으로 아이들을 웅변 학원에 보내는 게 유행한 적이 있었다. 이 책을 읽는 부모들 중에서도 어린 시절 웅변 학원을 다닌 분들이 꽤 있으리라 생각한다. 그렇다면 요즘에는 어떨까? 웅변 학원들이 여전히 있지만 그보다 발표, 참여, 대화 등 폭넓은 범위, 대상을 다루는 스피치 학원들이 주를 이루는 편이다. 스피치 학원들이 많아진 이유를 멀리서 찾을 필요는 없다. 앞서 언급한 수행평가 방식, 특히 발표, 토의·토론만 봐도 자신의 생각과 의견을 조리 있게 표현하고, 상대에게 적절하게 전달하는 말하기 능력이 아이들의 공부에서도 중요해졌다는 걸 알 수 있다.

많은 아이가 발표 수행평가에 큰 부담을 느낀다. 평가의 압박감과 긴장감은 여느 수행평가에도 있지만 요즘에는 자기 의견을 표현하는 데 서툴고, 타인 앞에 나서서 말하는 걸 어려워하는 아이가 많다. 다른 수행평가에 비해 발표가 어렵게 느껴질 수밖에 없는 이유다. 그래서 이번 장에서는 발표 수행평가 잘하는 법을 알려 주려고 한다. 채점 기준만 알아도 충분히 좋은 점수를 얻듯이 발표 평가의 요점을 알면 고득점 받기가 수월하다.

개인이든 모둠이든 발표는 모든 과목에서 고루 쓰이는 수행평가로, 최근 몇 년 사이 고등학교에서 많이 사용되는 평가 방식이다. 다른 말로 구술口述이라고 하기도 하는데 특정 주제나 내용에 대한 자신의 생각과 의견을 말로 표현하는 것이다. 시간은 평균 1분 30초에서 2분 내로 주어진다. 교사가 평가 범위를 사전 제시하고 범위 안에서 하나를 골라 발표를 시키는 방식, 아이 스스로 교사가 사전에 공지해 준 평가 문항 중 하나를 골라 발표하는 방식이 있다. 교사는 아이의 발표를 보면서 준비성, 이해력, 표현력, 판단력, 의사소통 능력 등을 평가한다.

발표를 잘하기 위해서는 발표 내용을 완전히 내 것으로 숙지해야 한다. 세바시, TED를 비롯해 유명 강사의 강연을 보면 발표자의 시선이 어디로 향하는가? 청중과 등을 지거나 준비한 스크립트만 읽는 발표자가 있는가? 청중의 반응을 살피고 눈을 맞추며 함께 호흡하려고 한다. 발표에서 가장 중요한 것은 청중을 향한 태도와 자세다. 그런데 해야 할 공부가 많은 아이들은 발표 내용을 미처 소화하지 못하고 앵무새처럼 고개와 시선을 발표 자료에 두고 읽기 바쁘다. 당연히 평가자인 교사나 청중인 반 아이들을 보며 하는 발표가 아닌 혼잣말처럼 중얼거리는 읽기에 가깝다. 그런 발표는 절대 좋은 평가를 받지 못한다. 아무리 훌륭한 내용도 집중되지 않고 지루하기 짝이 없다.

청중과 함께 호흡하는 발표란 청중이 귀를 기울이게 하고 호응하게 만드는 발표다. 그러기 위해서는 개요를 짜고 조사해 발표할 자료를 만든 후 무조건 발표 내용을 여러 번 읽어 머릿속에 그림이 그려질 정도로 입력해야 한다. 나 역시 도서관이나 외부 강연이 있을 때는 발표 준비에 정성을 다한다. 준비 없이 좋은 강연이 나올 리 없다. 강의 개요를 짜고 PPT와 스크립트를 만든 다음 여러 번 고치며 읽고 또 읽는다. 그래야 현장에서 청중을 바라보고 웃을 수 있는 여유가 생긴다.

PPT와 같은 발표 자료는 강조할 내용을 중심으로 간결하게 만들어야 한다. 요즘에는 캔바, 미리캔버스, 망고보드 등 템플릿 사이트에서 다양한 영상, 문서, 사진, 홍보물 등을 간단하게 만들 수 있다. 시간과 노력을 별로 들이지 않고도 양질의 발표 자료를 만들 수 있다. 그러나 너무 화려하거나 한 면에 정보가 넘쳐 나는 발표 자료는 오히려 집중력을 떨어뜨리니 주의하자.

일반적으로 사용하는 파워포인트 프로그램으로 발표 자료를 만들 때는 과목 특성, 본인의 스타일에 따라 간결한 템플릿을 만들어 놓은 다음 주제별로 내용만 수정하는 것도 준비 시간을 아끼는 방법이 될 수 있다.

컴퓨터 프로그램으로 발표 자료를 만드는 일이 처음이라 어렵다면 PPT 슬라이드를 무료로 만들 수 있는 감마 이용도 좋은 대안이 될 수 있다. AI의 도움으로 만든 PPT를 참고삼아 더 좋은 자료를 만들 수 있기 때문이다.

마지막은 발표 연습이다. 과학 시간에 모둠별 수업을 할 때면 발표하는 아이들이 정해져 있다. 그런 아이들은 교사에게 '수업에 적극적으로 참여하는 아이'라는 인상을 심어 준다. 쑥스러움이 많아서, 긴장되서, 말을 조리 있게 못해서라는 이유는 중학교에서 더 이상 통하지 않는다. 발표 능력은 연습을 통해 충분히 기를 수 있다. 학원을 가지 않더라도 가정에서 얼마든지 가능하다.

오늘 내가 뽑은 뉴스를 가족 앞에서 소개하기, 다 같이 영화를 보고 각자 느낀 점을 말하기, 함께 소리 내어 책 읽기 등 아이에게 말할 기회와 환경을 마련해 주자. 부모와 아이가 발표자와 청자의 역할을 서로 바꿔 가며 연습하면 더욱 좋다. 발표에 도움이 되는 실전 감각을 기르는

건 물론 타인 앞에 섰을 때 느끼는 긴장감, 압박감을 다루는 데 효과적
이다.

진로연계학기, 고교학점제를 위한 과학 독서

담임이 되면 한 학기에 한 번씩 아이들과 공식적으로 상담을 한다. 그때 학교생활에 대한 어려움이나 힘든 점에 대한 기본적인 이야기를 나눈 다음 모든 학생에게 꼭 묻는 말이 있다.

"좋아하는 과목이 뭐야?"

"어떤 분야에 관심 있어?"

"요즘 어떤 책을 읽고 있니?"

이 세 가지 질문을 묶어서 하는 이유가 있다. 좋아하는 과목, 관심 분야, 독서가 밀접하게 연결되어 있기 때문이다. 수업에서 배운 배용이 궁금해서 여러 책을 찾아 읽다 관심 분야가 생기는 경우, 과목 교사를 좋아하는 마음이 해당 과목을 좋아하게 이끌어 관련 분야의 책을 더 찾아 읽는 경우, 우연한 계기로 관심 분야가 생겨 파고드는 경우…. 여러 경우가 있지만 결국 세 가지가 유기적 관계에 있다는 걸 봐 왔다.

본인의 진로와 흥미를 생각해 본 적이 있는 아이는 내가 던진 질문에 자신 있게 답한다. 그런 아이는 수업 시간, 자율활동, 동아리, 자유학기제 주제 선택 및 진로 탐색 시간에 눈빛부터 바뀐다. 특히 평소 관심 있는 분야와 관련된 활동을 할 때면 질문의 깊이와 수준이 특별하다. 독서 경향을 살펴보면 관심 분야를 따라 뽀족하게 파고들어 깊이 읽기를 하는 경우가 많다. 한마디로 좋아하는 분야의 '덕후'가 되어 있다. 어떤 분야를 열성적으로 좋아해 파고드는 '덕질'만큼 공부에 더 좋은 게 있을까. 덕후가 된 아이들의 진로·진학 설계는 부모도, 교사도 편하다. 하지만 이런 아이는 소수일 뿐이다. 대다수가 세 가지 질문에 머뭇거리며 답을 하지 못한다. 자신이 뭘 좋아하는지 모를 뿐 아니라 책도 거의 읽지 않는다.

현재 아이가 초등 고학년이나 중학생이라면 고교학점제가 전면 시행된 이후에 고등학교에 진학하게 된다. 지금까지 주어진 교육과정에 따라 수업을 듣던 것과 달리 앞으로는 본인의 적성과 흥미, 진로를 고려해 학습 경로를 설정하고 그에 맞는 과목을 들어야 한다. '진로 탐색에 따른 진로 설계'가 교육의 중심이 되는 것이다. 이와 더불어 도입되는 것이 진로연계학기다. 중 3학년 2학기에 시행되는 제도로, 쉽게 말해 고교학점제 교육과정에 성공적으로 적응하게 돕는 발판이라고 할 수 있다.

구분	1학년 1학기	1학년 2학기	2학년 1학기 ~3학년 1학기	3학년 2학기
운영	자유학기	일반 학기	일반 학기	진로연계학기 전환기 교육과정
일제식 평가 여부	미실시	실시	실시	실시
수업-평가	자유학기 활동 과정 중심 평가	학생 참여 중심 수업, 과정 중심 평가		학기 말 진로 탐색 집중학기 운영
고입 내신 반영 여부	미반영	반영	반영	반영

　　단순히 학교급 교육 연계, 진로 교육을 강화하기 위한 제도만은 아니다. 대학 입학과도 직결된다. 2025학년도 서울대 학생부종합전형을 보면 모집단위가 권장하는 과목의 이수 여부는 수시모집 서류 평가와 정시모집 교과 평가에 반영한다고 명시되어 있다. 모집단위 권장 과목이란 학생이 희망하는 전공 분야의 학문적 기초 소양을 쌓기 위해 교육과정에서 배우기를 추천하는 과목이다. 하지만 아무런 준비와 고민 없이 고등학교에 입학해 자신의 희망 대학, 학과를 결정하고, 필요한 과목을 선택해 듣기에는 바듯하다. 부모도 자녀도 많이 혼란스러울 것이다.

　　따라서 미리 중학교 때 '나를 공부하는 시간'을 가지며, 관심 분야와 진로를 찾았으면 좋겠다. 당장 정하라는 뜻이 아니다. 아이가 좋아하거나 관심 있는 분야를 함께 찾아보고 고민하라는 말이다. 그에 가장 도움이 되는 것이 '독서'다.

독서에 초점을 맞춰야 하는
결정적인 이유

초등학교 때는 배경지식을 쌓는 게 중요하니 무조건적인 다독이 중요하지만, 중학교부터는 주제나 영역이 드러나고 진로와 연결되는 전략적인 독서를 해야 한다. 한 권을 읽더라도 제대로 반복해서 깊이 읽을 필요가 있다.

고등학교 시기에는 책 읽을 시간이 현실적으로 부족하다. 실제 중학생 때 책을 제법 읽던 제자들이 고등학교에 올라가서는 독서할 시간이 없다는 고민을 털어놓곤 한다. 고등학생이 1년간 10권 정도 읽는다면 정말 많이 읽는 축에 속할 정도다. 내가 여기서 말하고 싶은 건 독서 시간을 무리해서 늘릴 필요가 없다는 것이다. 다만 몇 권이든 아무 책이나 읽을 게 아니라 교과, 진로와 연계된 책을 읽어야 한다. 이게 중학교 독서의 핵심이다.

나는 다양한 분야의 책을 읽으며 시야가 넓어지는 경험을 했다. 독서의 효과와 재미를 잘 알기에 내가 읽고 재미있는 책은 수업 시간이나 조·종례 때 아이들에게 추천하곤 했다. 그러다 몇 해 전 중 2학년 과학 시간에 태양계 수업을 준비하며 천문학자 마이크 브라운Mike Brown이 쓴 『나는 어쩌다 명왕성을 죽였나』라는 책을 읽었다. 그는 2006년 국제천문연맹 회의에서 명왕성의 행성 지위를 박탈하고 왜소행성으로 강등시킨 사건에 대한 원인 제공자로서, 이 책은 명왕성 사건의 전말을 기록한 책이다.[7] 굉장히 흥미 있게 읽어, 수업 시간에 아이들에게 명왕성과 책 이야기를 들려주고 읽기를 권했다. 그로부터 시간이 흘러 학기 말이 되었을 때 한 학생이 수줍게 찾아왔다. 평소 과학에 대한 흥미와 성취도가 높았지만 자신의 진로에 대한 뚜렷한 생각은 없었던 학생이었다.

"선생님. 그때 권해 주셨던 『나는 어쩌다 명왕성을 죽였나』 책 읽었어요. 너무 재미있어서 다른 천문학 책들도 찾아 읽으면서 천문학에 관심이 생겼어요. 저 내년에 과학고에 진학하고 싶은데 추천서를 부탁드리려요."

교사로서 감동스러운 날이었다. 어떤 것을 좋아하는지, 어떤 분야에 관심이 있고 잘하는지 모르겠다고 말하는 아이가 많다. 하지만 단 한 번의 강렬한 경험을 통해 아이들은 자신의 관심 분야와 진로를 찾아갈 수 있는 능력이 있다.

지구상에 있는 수많은 직업을 체험해 볼 수 없는 노릇이다. 그렇기에 아이들의 진로에 큰 영향을 미치는 건 자주 보는 부모님, 주변의 선생님과 이웃의 직업이다. 경험에는 시간적·공간적· 물리적 제약이 많다. 따라서 이 세상에 다양한 진로가 있다고 알려 주기 위해서는 책만큼 좋은 도구는 없다고 생각한다. 중학생이 된 자녀에게 어떤 특정 직업을 강요하는 것보다 좋은 책을 추천해 주고 함께 읽어 보기 권한다.

이 외에도 독서가 중요한 이유는 많다. 그중 하나가 중학교 생기부에 있는 '독서활동상황란'이다. 독서 이력을 기록하는 것인데, 학교별로 홈페이지에 독서 기록 양식지가 제공된다. 17개 시·도교육청이 만든 독서 교육 종합지원시스템 '독서로(read365.edunet.net)'를 통해 아이들의 독서 활동 이력을 체계적으로 기록, 관리하기도 한다. 아이들이 책을 읽고 독서 기록 양식지를 작성하거나 독서로에 독서 이력을 남긴다. 다만 독서로 기록은 나이스와 연동되지는 않으므로 나이스에 독서 활동을 기록하고 싶다면 독서로에 저장된 기록을 출력해 반드시 과목 담당 교사나 담임 교사에게 입력을 부탁해야 한다. 독서 기록 양식지는 출력물이기에 본인 보관이 중요하다. 교사가 기록을 입력하고 되돌려주면 버리지 말고 잘 보관해 두어야 한다.

독서 기록은 특목고나 자사고 진학 시 유용하다. 면접 시 생기부 독서 기록을 바탕으로 질문을 하기 때문이다. 그러니 중학교 1학년 때부터 꾸준히 책을 읽으며 독서 포트폴리오를 만들어야 한다. 독서로 기록은 전학, 졸업으로 학적이 변동돼도 언제든지 '마이페이지'에서 확인할 수 있다.

다시 강조하지만 고등학교에 올라가서는 책 읽을 시간이 없다. 그래서 일부 아이들은 독서와 관련한 수행평가를 해야 할 때 중학교에서 읽었던 책들을 활용하는 경우도 있다. 그만큼 고등학교를 대비해서라도 중학교 때 교과, 진로와 연계된 책을 많이 읽어 두어야 한다.

중·예비 고1을 위한
과학 교과 연계 도서

✦ 운동과 에너지(물리)

제목	저자	출판사
만약 시간이 존재하지 않는다면	카를로 로벨리	쌤앤파커스
파인만의 여섯가지 물리 이야기	리처드 필립 파인만	승산
그래비티 익스프레스	조진호	위즈덤하우스
우리 눈이 보는 색 이야기	장 마르크 레비 르블롱	북스힐
태어난 김에 물리 공부	커트 베이커	윌북
파인만 씨 농담도 잘하시네 1~2	리처드 필립 파인만	사이언스북스
친절한 빛과 색	박리노	디지털북스

✦ 물질 (화학)

제목	저자	출판사
그림으로 읽는 화학콘서트	배준우, 홍건국	지식프레임
휴가 갈 땐 주기율표	곽재식	초사흘달
곽재식의 먹는 화학 이야기	곽재식	북바이북
게으른 자를 위한 수상한 화학책	이광렬	블랙피쉬
요즘 청소년을 위한 화학의 쓸모	정병진	청어람미디어
미술관에 간 화학자	전창림	어바웃어북
역사를 바꾼 17가지 화학 이야기	페니 카메론 르 쿠터, 제이 버레슨	사이언스북스

✦ 생물 (생명과학)

제목	저자	출판사
세계사를 바꾼 13가지 식물	이나가키 히데히로	사람과나무사이
생태적 전환, 슬기로운 지구 생활을 위하여	최재천	김영사
먹고 사는 것의 생물학	김홍표	궁리출판

다정한 것이 살아남는다	브라이언 헤어, 버네사 우즈	디플롯
식물학자의 노트	신혜우	김영사
생물과 무생물 사이	후쿠오카 신이치	은행나무
미술관에 간 해부학자	이재호	어바웃어북
호르몬과 건강의 비밀	요하네스 뷔머	현대지성
탄생의 과학	최영은	웅진지식하우스
하리하라의 생물학 카페	이은희	궁리출판

✦ 지구와 우주 (지구과학)

제목	저자	출판사
프로젝트 헤일메리	앤디 위어	알에이치코리아
그림으로 배우는 지층의 과학	모쿠다이 구니야스	지노
오늘의 천체관측	심재철 외	현암사
찬란한 멸종	이정모	다산북스
구름관찰자를 위한 그림책	개빈 프레터피니	김영사
지구는 괜찮아, 우리가 문제지	곽재식	어크로스
세상을 바꾼 지구과학	원정현	리베르스쿨
베게너의 대륙이동설, 살아 있는 지구를 발견하다	김병노	작은길
호킹의 블랙홀	정창훈	작은길
십대, 별과 우주를 사색해야 하는 이유	이광식	더숲
코스모스	칼 에드워드 세이건	사이언스북스
천문학자는 별을 보지 않는다	심채경	문학동네
나는 어쩌다 명왕성을 죽였나	마이크 브라운	롤러코스터

✦ 통합과학

제목	저자	출판사
빅 히스토리	데이비드 크리스천, 밥 베인	해나무
과학이 빛나는 밤에	이준호	추수밭
과학이 어려운 딸에게	마리 퀴리, 이자벨 샤반	자음과모음
크로스 사이언스	홍성욱	21세기북스

오리진	루이스 다트넬	흐름출판
과학이 가르쳐준 것들	이정모	바틀비
정재승의 과학콘서트	정재승	어크로스
원더풀 사이언스	나탈리 앤지어	지호
교양으로 읽는 과학의 모든 것	한국과학문화재단	미래M&B
과학 도시락	김정훈	은행나무
과학자처럼 사고하기	린 마굴리스, 에두아르도 푼셋	이루
위험한 과학책	랜들 먼로	시공사
야밤의 공대생 만화	맹기완	뿌리와이파리
우리가 과학을 사랑하는 법	곽재식	위즈덤하우스

✦ 환경

제목	저자	출판사
환경과 생태 쫌 아는 10대	최원형	풀빛
내일 지구	김추령	빨간소금
두 번째 지구는 없다	타일러 라쉬	알에이치코리아
우리에게 남은 시간	최평순	해나무
인류세: 인간의 시대	최평순, EBS 다큐프라임 제작진	해나무
기후피해세대를 넘어 기후기회세대로	이재형	퍼블리온

PART3

고등 편:

통합과학 마스터

한눈에 보는
고등 통합과학

2015 개정 교육과정에서는 통합과학을 1년 과정으로 배웠다면, 2022 개정 교육과정에서는 학기별로 통합과학1과 통합과학2를 나눠 배운다.

2015 개정 교육과정	2022 개정 교육과정	
1학년	1학년 1학기	1학년 2학기
통합과학	통합과학1	통합과학2
물질과 규칙성 시스템과 상호작용 변화와 다양성 환경과 에너지	과학의 기초(※신설) 물질과 규칙성 시스템과 상호작용	변화와 다양성 환경과 에너지 과학과 미래 사회(※신설)

단원은 기존 네 단원에서 통합과학1이 세 단원, 통합과학2가 세 단원

으로 바뀌어 총 여섯 단원이다. 2025학년도 입학생부터 2022 개정 교육과정이 반영된 교과서로 수업을 받는다. 교과서는 총 다섯 곳(동아출판, 미래엔, 비상교육, 지학사, 천재교과서)에서 발행되며, 학교마다 교과용 도서 선정 기준과 절차에 따라 적합한 교과서를 채택해 사용한다.

학교마다 다른 교과서를 사용한다는 말에 내 아이가 유독 어렵거나 쉬운 교과서를 쓰면 어쩌나 하는 걱정은 절대 할 필요 없다. 교과서는 교육과정에서 제시된 '내용 요소'에 따라 만들기 때문에 발행처가 달라도 배우는 내용은 같다. 직접 교과서를 발행하는 출판사 다섯 곳의 홈페이지에서 통합과학 차례를 비교해 살펴본 결과, 대단원 제목은 동일했으며 중단원과 소단원 부분은 대동소이했다.

그렇다면 큰 차이는 무엇일까? 초등 과학과 중등 과학은 단원별로 영역 구분이 명확했다. 운동과 에너지(물리) 영역만을 다루는 단원, 물질(화학) 영역만을 다루는 단원으로 이루어져 있는 것이다. 그래서 2015와 2022 개정 교육과정을 비교하는 표에서 단원별로 어떤 영역에 해당하는지를 표시해 두었다.

그러나 고등 통합과학 교육과정 표를 보면 영역 구분이 딱히 되어 있지 않다는 걸 발견할 수 있다. 고등 통합과학은 하나의 단원에 여러 영역이 뒤섞여 있기 때문이다. 보통 서너 영역이 융합되어 있다. 따라서 중등 과학에서 단원별로 영역이 구분된 학습을 제대로 해야 통합과학의 영역별 융합 내용을 쉽게 이해할 수 있다. 중등 과학을 완전 학습한 아이는 고등 통합과학을 배우는 데 큰 어려움이 없다.

또한 통합과학은 초등·중등 과학의 완성이자 고등 2, 3학년 선택과목인 물리학, 화학, 생명과학, 지구과학 등을 연결하는 가교다. 통합과학을 배우며 선택과목에 필요한 정보와 기초 학력을 얻을 수 있다. 예를 들어, 통합과학1의 <물질과 규칙성> 단원은 물질(화학) 영역의 비중이 크고, <시스템과 상호작용> 단원은 운동과 에너지(물리), 생명(생명과학), 지구와 우주(지구과학)를 고루 다룬다. 두 단원을 배우며 아이는 어떤 단원이 흥미 있고, 또 어떤 단원이 어려운지 경험하고 첫 중간고사를 치른 후 성취도가 더 높은 단원을 확인할 수 있다. 그러면 2학년 때 자신에게 더 적합한 과목을 선택하거나 싫어하는 과목을 피하는 전략을 짤 수 있다. 추후 선택과목을 고르는 데 통합과학의 역할이 크다는 의미다.

✦ **통합과학1**

단원	내용	선택과목 연계	영역
과학의 기초	• 기본량과 단위 • 측정과 어림 • 정보와 신호		
물질과 규칙성	• 원소 형성 • 별의 진화 • 원소의 주기성 • 이온결합 • 공유결합 • 지각과 생명체 구성 물질의 규칙성 • 물질의 전기적 성질	• 물리학-빛과 물질 • 지구과학-지구의 역사와 한반도의 암석 • 화학-물질의 구조와 성질 • 생명과학-생명의 연속성과 다양성 • 생물의 유전-유전자와 유전물질 • 전자기와 양자-양자와 미시세계 • 지구시스템과학-지구 탄생과 생동하는 지구 • 행성 우주과학-태양과 별의 관측	• 운동과 에너지 • 물질 • 생명 • 지구와 우주

| 시스템과 상호작용 | • 지구시스템의 구성과 상호 작용
• 판구조론과 지각 변동
• 중력장 내의 운동
• 충격량과 운동량
• 생명 시스템의 기본 단위
• 물질대사
• 유전자와 단백질 | • 생명과학-생명 시스템의 구성, 생명의 연속성과 다양성
• 물리학-힘과 에너지
• 역학과 에너지-시공간과 운동
• 지구시스템과학-지구탄생과 생동하는 지구
• 세포와 물질대사-세포, 물질대사와 에너지, 세포호흡과 광합성
• 생물의 유전-유전자와 유전물질, 유전자의 발현 | • 운동과 에너지
• 생명
• 지구와 우주 |

✦ 통합과학2

단원	내용	선택과목 연계	영역
변화의 다양성	• 지질시대의 생물과 화석 • 지질시대 환경 변화와 대멸종 • 자연선택 • 생물 다양성 • 산화와 환원 • 산성과 염기성 • 중화 반응 • 물질 변화에서 에너지 출입	• 생명과학-생명의 연속성과 다양성 • 지구과학-지구의 역사와 한반도의 암석 • 화학-역동적인 화학반응	• 물질 • 생명 • 지구와 우주
환경과 에너지	• 생태계 구성 요소 • 생태계 평형 • 대기와 해양의 상호작용 • 온실 기체와 지구 온난화 • 핵융합 • 발전 • 에너지 전환과 효율	• 생명과학-생명 시스템의 구성 • 지구과학-대기와 해양의 상호작용 • 물리학-전기와 자기 • 화학반응의 세계-산화·환원 반응 • 역학과 에너지-열과 에너지	• 운동과 에너지 • 지구와 우주
과학과 미래 사회	• 감염병과 병원체 • 인공지능과 과학 탐구 • 로봇 • 과학기술과 윤리		• 과학과 사회

　　고등 1학년 과학에서는 통합과학1과 2 이외에도 과학탐구실험1과 2가 있다. 과학탐구실험은 주 1회 수업이며 대부분의 학교에서 수행평가 100%로 평가된다. 이때 상대평가 석차 등급은 기재되지 않고 절대

평가 성취도 등급(A~C)으로만 표기된다(성취율 80% 이상 A, 60% 이상~80% 미만 B, 60% 미만 C).

과학탐구실험은 탐구 활동 수행력과 이를 일상생활의 문제를 해결하기 위해 적용하는 능력에 중점을 두고 평가하되 논술형, 관찰, 보고서, 실기 검사, 면담, 포트폴리오 등의 다양한 방법을 활용한다. 개별평가와 더불어 협동심을 함양하기 위한 모둠 평가를 실시하는 학교도 있다.

✦ 과학탐구실험1

단원	내용
과학의 본성과 역사 속의 과학 탐구	• 패러다임의 전환을 가져온 결정적 실험 • 과학의 본성 • 선조들의 과학
과학 탐구의 과정과 절차	• 귀납적 탐구 • 연역적 탐구 • 탐구 과정과 절차
주안점	• 자연 현상에서 문제를 인식하고 가설을 설정하기 • 변인을 조작적으로 정의하여 탐구 설계하기 • 다양한 도구를 활용해 정보를 조사·수집·해석하기 • 수학적 사고와 모형을 활용해 통합 및 융합 과학 관련 현상 설명하기 • 증거에 기반한 과학적 사고를 통해 자료를 과학적으로 분석·평가·추론하기 • 결론을 도출하고 자연 현상 및 융·복합 문제 상황에 적용·설명하기 • 과학적 주장을 다양한 방법으로 소통하고, 의사결정을 위해 과학적 지식 활용하기

✦ 과학탐구실험2

단원	내용
생활 속의 과학 탐구	• 제품 속 과학·놀이 속 과학·스포츠 속 과학·문화예술 속 과학

미래 사회와 첨단 과학 탐구	• 첨단 과학기술·탐구 산출물 • 안전 사항·연구 윤리
주안점	• 자연 현상에서 문제를 인식하고 가설을 설정하기 • 변인을 조작적으로 정의해 탐구 설계하기 • 다양한 도구를 활용해 정보를 조사·수집·해석하기 • 수학적 사고와 모형을 활용해 STEM 관련 현상 설명하기 • 증거에 기반한 과학적 사고를 통해 자료를 과학적으로 분석·평가·추론하기 • 결론을 도출하고 자연 현상 및 STEM 상황에 적용·설명하기 • 과학적 주장을 다양한 방법으로 소통하고, 의사결정을 위해 과학적 지식 활용하기

과학탐구실험1은 과학의 본성 및 패러다임의 전환을 가져온 역사 속의 과학 탐구 실험, 귀납적 탐구와 연역적 탐구에 대한 이론을 배우고 관련 실험을 한다. 수행평가는 대부분 보고서 형식으로 진행된다. 가설 설정, 변인을 조작적으로 정의하여 탐구 설계하는 과정과 절차를 중요하게 평가한다. 과학탐구실험2는 과학이 적용된 다양한 분야에서 몇 가지 사례를 중심으로 과학적 원리, 유용성과 가치, 즐거움 등을 깨달을 수 있는 탐구와 실험 활동을 진행한다.

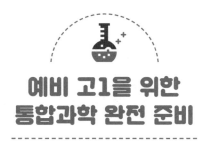

예비 고1을 위한
통합과학 완전 준비

고입 상담과 원서 작성을 하는 11월이 되면 중학교 3학년 교실은 혼란 그 자체다. 물론 고입 원서를 위한 성적 산출까지 마무리해야 하는 담임 교사 쪽이 훨씬 더 바쁘지만 아이들도 정신이 없기는 마찬가지다. 그러다 12월 초 후기고 원서 접수가 끝나면 교실은 바람 빠진 풍선처럼 생기가 사라진다.* 중학교 3학년을 무사히 완주했다는 안도감에 아이들의 마음이 풀리기 때문이다.

하지만 나는 늘 학교급이 끝나는 때야말로 가장 중요한 시기라고 강조한다. 특히 중학교 3학년 끝 무렵은 그 시기를 어떻게 보내느냐가 고

---

* 고등학교는 모집 시기에 따라 먼저 모집하는 곳을 전기고등학교(영재학교, 체육고, 과학고, 예술고, 마이스터고, 특성화고 등), 이후에 모집하는 곳을 후기고등학교(외고, 국제고, 자사고, 일반고 등)로 구분한다. 전기고는 전국 고교 중 한 곳만 지원할 수 있으며 전기고에 합격하면 후기고는 지원할 수 없게 된다.

등학교 내신과 수능에 큰 영향을 미칠 수 있다. 그래서 중 3학년 끝 무렵을 예비 고1이라고 부르는 것이다. 당연히 3학년 수업을 맡는 교사들은 11월 기말고사 이후 수업에 대해 늘 고민한다.

'이 귀중한 시간을 어떻게 보내게 할까?'

이런 고민은 가정에서도 이어진다. 본격적으로 고등 내신, 수능 공부를 시작하기 전 가장 여유로운 시간이자 필요한 학습 기반을 다져 놓을 절호의 기회라는 걸 많은 부모가 안다. 하지만 교과 진도가 끝난 상황에서 아이에게 다 배운 내용을 복습시키기도 어렵고, 독서를 고문처럼 여기는 아이에게 책을 읽게 하기도 쉽지 않다.

그래서 나는 3학년 끝 무렵부터 겨울방학까지 고1 3월 모의고사 문제 풀이를 권한다. 실제로 중 3학년 담임을 맡을 때는 반드시 아이들에게 모의고사 문제를 풀게 한다. 고등학교 입학 전 국·영·수·사·과 주요 과목의 학습 상태를 점검할 수 있기 때문이다. 특히 과학은 중등 과학 전체를 복습한 다음 고등 통합과학을 배우면 더할 나위 없이 좋다.

모의고사를 활용한
거꾸로 복습

모의고사 문제와 해설은 'EBSi(ebsi.co.kr)' 사이트에서 무료로 다운로드가 가능하다. 문제를 푸는 방식은 각자 편한 대로 하면 된다. 참고로 나의 경우에는 주당 4시간인 과학 수업 시수에 맞춰 일주일에 2회 분량의 과학 모의고사를 풀게 한다. 실제 시험처럼 30분 동안 20문항을 풀게 하고, 그다음 아이들이 각자 교과서와 노트를 보면서 오답을 정리하도록 한다. 마지막으로 아이들이 많이 틀린 문제, 개별적으로 질문하는 문제를 내가 직접 풀이한다.

그러면 종업식 전까지 5주간 과학 모의고사 200문항을 풀며 중등 과학 전 과정을 복습할 수 있다. 처음에는 아이들의 불평불만이 가득했지만 곧 형제자매나 주변 선배들로부터 3월 모의고사 풀이가 유용하다는 이야기를 듣고 와서는 진지하게 시험을 보고 정리했다. 집에서도 얼마든지 할 수 있는 방법이니 놓치지 말기 바란다.

[고1 3월 모의고사 시험 과목과 범위]

영역(과목)		시험 시간	문항 수	출제 범위
국어		80분	45	중학교 교육과정 전 범위
수학		100분	30 ※1~21번 5지 선다형 ※22~30번 단답형	
영어		70분	45 ※1~17번 듣기평가	
한국사		30분	20	
탐구	통합과학	30분	20	
	통합사회	30분	20	

[고1 3월 모의고사 통합과학 등급컷]

등급	최고점	1	2	3	4	5	6	7	8
원점수	50	40	35	30	25	20	15	10	5

이때 하나부터 열까지 교과서를 펼쳐 놓고 복습하기보다는 3월 모의고사를 보며 틀린 부분에 해당하는 단원을 공부하는 '거꾸로 복습'을 추천한다.

모의고사 문제는 중 1~3학년에서 배운 내용이 모두 섞여서 출제된다. 시험 범위가 정해져 있는 학교 시험과는 결이 다르다. 무턱대고 문제만 풀고 덮는 건 전혀 도움이 되지 않는다. 꼭 자기 점검의 시간을 가져야 한다. 중 1~3학년 과학 단원의 차례를 한데 모은 다음, 틀린 문제에 해당하는 단원을 찾아 표시하는 것이다. 형광펜을 이용해 문제 유형별(개념, 응용, 계산, 자료 변환, 탐구 실험 등)로 구분해 표시하면 좋다. 모의고사 문제를 풀고 난 다음 이 과정을 꾸준히 하다 보면 스스로 개념이 약한 단원, 공부가 더 필요한 단원, 완전 학습이 된 단원 등을 파악할 수 있다. 실제로 내가 중 3학년 담임을 맡을 때마다 아이들에게 반드시 가르쳐 줄 정도로 효과가 좋은 방법이다.

예비 고1 시기에 가장 우선적으로 점검해야 할 부분은 중학교 학습의 완성도다. 중학교 때 배운 내용을 얼마나 완벽하게 이해하고 있는지를 확인해야 한다. 따라서 고입 원서를 쓰고 난 다음 중학교 과정이 끝났다고 마냥 들떠서 시간을 낭비하지 말았으면 한다. 반드시 중학교 학습을 최종 점검하는 시간으로 삼자.

통합과학과 연계된
주요 단원 공부

　　　　　　고등학교 입학까지 두 달 정도면 시간이 많이 남았다고 생각하겠지만 실제로 그 시기를 먼저 경험한 아이들 모두가 국·영·수 세 과목만 예습하기에도 빠듯하다고 말한다. 고등학교 입학 전 중학교 과정을 복습하겠다고 마음먹은 것만으로도 칭찬할 만한 일이지만 대다수가 방대한 복습 양에 눌려 흐지부지 포기하곤 한다.

　그러다 고등학교에 들어가면 첫 달은 바뀐 학교에 적응하느라 바쁘다. 정신없이 3월을 보내고 나면 4월에는 중간고사 과목과 범위가 발표되고 과목별 수행평가가 쏟아진다. 아차 하는 사이에 시험 기간이 된다. 고등학교 시험은 중학교 시험과는 정말 차원이 다르다. 중학교 때 우등생이라 자부했던 아이들도 쓴맛을 보는 게 고등 1학년 첫 시험이다. 중학교 때처럼 시행착오였다고 가볍게 넘길 수도 없다. 고등 1학년 첫 시험 성적부터 대학 입시에 반영되기 때문이다.

　고등학교 입학 후 중등 과학에 대한 복습이 절실하지만 모의고사를 풀며 부족한 단원을 공부하기 어렵다면, 고등 통합과학과 연계된 중등 단원만이라도 복습하고 넘어가자. 중등 과학과 고등 통합과학은 연계율이 60% 이상이다. 거듭 말하지만 과학은 나선형 교육과정이기에 하나의 개념을 초·중·고 내내 지속적으로 반복해 배우며 점점 심화하는 형태를 띤다. 그러므로 고등 통합과학과 연계되는 중등 과학 단원만이라도 복습해야 한다.

[고등 통합과학과 연계되는 중등 과학 단원(2022 개정 교육과정 기준)]

영역	중 1학년	중 2학년	중 3학년
운동과 에너지(물리)	힘의 작용	전기와 자기	운동과 에너지
물질(화학)		물질의 구성 물질의 특성	화학반응의 규칙성
생명(생명과학)	생물의 구성과 다양성		생식과 유전
지구와 우주(지구과학)		지권의 변화 별과 우주	날씨와 기후변화 수권과 해수의 순환

고등 통합과학과 연계되는 중등 과학의 주요 단원을 정리한 표다. 다른 단원보다 이 단원들을 탄탄하게 공부해야 한다. 이 단원들을 중심으로 복습하고 통합과학을 시작하기 바란다.

고등 통합과학으로 이어지는 중등 과학 총정리

영역별로 좀 더 자세히 알아보자.

✦ 운동과 에너지(물리)

<힘의 작용>, <전기와 자기>, <운동과 에너지>가 연계된다. <힘의 작용> 단원에서는 중력 부분, <운동과 에너지> 단원에서는 역학적 에

너지 전환과 보존, 자유 낙하 운동을 빈틈없이 공부해야 한다. 역학 파트 공식 및 단위는 반드시 암기해야 한다. <전기와 자기> 단원의 경우, 2022 개정 교육과정에서 전자기 유도 부분이 삭제되었어도 고등 통합과학에서 배우니 심화로 공부해 두면 좋다.

<힘의 작용>

- 힘: 물체의 모양이나 운동 상태를 변하게 하는 원인
- 두 힘의 평형 조건: 두 힘의 크기가 같고, 방향은 반대이며, 일직선 상에서 작용해야 한다
- 중력: 지구가 물체를 당기는 힘
- 무게: 물체에 작용하는 중력의 크기(N)
- 질량: 장소에 관계없이 변하지 않는 물체가 가진 고유한 양(kg)

<전기와 자기>

- 전류: 전하의 흐름. (-)전하를 띤 전자가 일정한 방향으로 이동하여 생긴다
- 전압: 전기 회로에서 전류를 흐르게 하는 능력. 전압은 자유전자를 움직여 전류를 흐르게 한다
- 저항: 도선이 전류의 흐름을 방해하는 정도. 물질의 종류에 따라 저항값의 크기는 달라진다
- 전기 에너지: 도선에 전류가 흐르면서 공급하는 에너지. 전기 제품

에서 전기 에너지는 다양한 형태의 에너지로 전환되어 사용된다

- 전력: 전기 가구가 1초 동안 소비하는 전기 에너지(전력 = 전압 × 전류, 단위: W, kW)
- 전력량: 전기 기구가 일정 시간 동안 소비하는 전기 에너지(전력량 = 전력 × 사용시간, 단위: Wh, kWh)

<운동과 에너지>

- 속력: 움직이는 물체의 위치가 시간에 따라 변하는 정도를 나타낸다
- 등속 직선 운동: 속력이 일정한 운동. 운동 방향이 변하지 않고 일정한 빠르기로 움직인다
- 자유 낙하(자유 낙하 운동): 정지해 있던 물체가 중력을 받아 지면을 향하여 떨어지는 운동. 속력이 점점 증가한다
- 운동 에너지: 운동하는 물체가 가지는 에너지. 물체의 질량이 클수록, 속력이 클수록 크다

✦ 물질(화학)

    <물질의 구성>, <물질의 특성>, <화학반응의 규칙성>이 연계된다. <물질의 구성> 단원에서는 주기율표, 화학결합, 원소, 원자, 분자, 이온, 그리고 <화학반응의 규칙성> 단원에서는 산화·환원, 중화 반응, 산·염기가 특히 중요하다. 주기율표, 원소기호, 이온식, 분자식은 반드시 암기해야 한다.

<물질의 구성>

- 원소: 물질을 이루는 기본 성분으로 더 이상 다른 물질로 분해되지 않는다. 원소기호로 나타낸다

- 원자: 물질을 구성하는 가장 작은 입자. (+)전하를 띠는 원자핵과 (-)전하를 띠는 전자로 구성된다

- 분자: 물질의 성질을 나타내는 가장 작은 입자

- 이온: 원자가 전자를 잃거나(양이온) 얻어(음이온) 전하를 띠는 입자

- 화합물: 두 종류 이상의 원소로 이루어진 물질. 원소 사이의 화학반응으로 형성된다

<화학반응의 규칙성>

- 화학변화: 화학변화가 일어나면 반응 물질을 구성하던 원자들의 배열이 달라져 반응 전과는 다른 새로운 물질이 생성된다. 기체 발생, 앙금 생성, 냄새나 색 변화, 빛과 열의 발생 등

- 화학반응식: 화학반응을 물질의 화학식으로 나타낸 것

예: 물의 분해

1단계. 반응 물질을 왼쪽, 생성 물질을 오른쪽에 쓰고 그 사이를 화살표로 연결한다. 물 → 수소 + 산소

2단계. 각 물질을 화학식으로 나타낸다. H_2O → H_2 + O_2

3단계. 반응 전후 원자의 종류와 개수가 같도록 계수를 맞춘다. $2H_2O$ → $2H_2$ + O_2

※ 계수를 맞출 때는 계수비가 가장 간단한 정수비가 되도록 하고, 계수가 1이면 생략한다

	2단계		3단계	
	반응 전	반응 후	반응 전	반응 후
수소(H) 원자의 개수	2	2	4	4
산소(O) 원자의 개수	1	2	2	2

✦ 생명(생명과학)

<생물의 구성과 다양성>, <생식과 유전>이 연계된다. <생물의 구성과 다양성> 단원에서는 생물의 유기적 구성 단계, 생물 다양성, 변이, 보전, 생물 진화, 다윈의 자연선택을, <생식과 유전> 단원에서는 염색체와 유전자를 완전히 이해하고 넘어가야 한다.

<생물의 구성과 다양성>

• 생물의 분류 단계: 종-속-과-목-강-문-계
• 변이: 같은 종에서 나타나는 형질의 다양한 변화
• 생물 다양성: 어느 특정한 지역에서 관찰되는 생물의 다양한 정도

<생식과 유전>

• 염색체: DNA와 단백질이 실타래처럼 얽히고, 다시 응축되어 막대 모양을 이룬 것
• DNA: 생명체의 형질을 나타내는 유전정보를 저장하는 물질. 이중

나선 구조

· 유전자: 긴 DNA 가닥에 저장된 생물의 형질을 결정하는 유전정보

✦ 지구와 우주(지구과학)

<지권의 변화>, <별과 우주>, <날씨와 기후변화>, <수권과 해수의 순환>이 연계된다. <지권의 변화> 단원에서는 판구조론, <별과 우주> 단원에서는 별의 진화를 반드시 공부해야 한다.

<지권의 변화>

· 지진대: 지진이 자주 발생하는 지역

· 화산대: 화산 활동이 자주 일어나는 지역. 지진대와 화산대는 판의 경계를 따라 띠 모양으로 분포하며 거의 일치한다

· 판: 지각과 맨틀 윗부분을 포함하는 단단한 암석층

· 맨틀 대류: 판 아래에서 부분적으로 녹아 유동성이 있는 맨틀이 느리게 움직이는 현상

<별과 우주>

· 성운: 성간 물질이 모여 있어 구름처럼 보이는 천체

· 성단: 많은 수의 별이 모여 있는 집단

· 빅뱅 이론: 우주가 매우 뜨겁고 밀도가 큰 한 점에서 대폭발이 일어나 만들어졌으며, 점차 팽창하여 현재와 같은 모습으로 되었다고

설명하는 이론

<날씨와 기후변화>

• 태양 복사 에너지: 태양이 방출하는 에너지. 지구로 들어온 태양 복사 에너지 중 30%는 지표와 대기에서 반사되고 70%만이 지구에 흡수된다

• 지구 복사 에너지: 지구가 방출하는 에너지

• 복사 평형: 지구로 들어오는 태양 복사 에너지의 양과 지구에서 방출되는 지구 복사 에너지의 양이 같아 지구의 평균 기온이 일정하게 유지되는 상태

• 온실 효과: 지구가 방출하는 지구 복사 에너지의 일부가 대기 중의 수증기나 이산화 탄소 등에 흡수된 후 다시 지표로 재방출되는 현상

• 지구 온난화: 온실 효과의 증가로 지구의 평균 기온이 점점 상승하는 현상

<수권과 해수의 순환>

• 혼합층: 태양 에너지를 직접 흡수하는 층, 바람에 의해 혼합되어 수온이 일정하다

• 수온약층: 수온이 급격하게 낮아지는 층으로, 아래쪽으로 갈수록 수온이 낮아지므로 대류가 일어나지 않아 매우 안정하다

• 심해층: 계절이나 깊이에 따른 수온 변화가 거의 없는 층, 수온이 매

우 낮다

이 단원들을 공부한 다음 고등학교에서 통합과학을 배울 때는 중등 과학 단권화 노트를 활용하자. 중등 과학을 공부하며 만들어 둔 단권화 노트에 새롭게 배우는 내용을 추가하는 방식으로 공부하기를 권유한다. 앞서 말했듯 중등 과학과 통합과학의 연계율은 60%를 넘는다. 기존 자료를 활용하면 시간이 절약되고 공부 효율은 높아진다.

이 책을 초등 고학년에 접했다면 이후 중등 과학을 배우며 단권화 노트를 만들어 가면 된다. 만약 뒤늦게 접해 일부만 단권화 노트를 만들었거나 아예 만들지 못했다면 이 책의 부록으로 주요 단원만이라도 단권화 노트를 만들자(140쪽, 277쪽 참조).

고등 키포인트1.
내신 5등급제와 고교학점제

A라고 다 같은
A가 아니다

　　"선생님. 고등학교 올라가서 시험을 쳤는데 중학교와 너무 달라요. 시험 범위도 넓고, 배우는 내용도 많이 어려워요. 과학 시간마다 선생님께서 지금 열심히 해야 고등학교 가서도 잘한다고 하신 말씀이 이제야 실감 나요. 선생님께 배웠던 내용이 고1 과학 교과서에 그대로 나오더라고요. 그때 더 열심히 할 걸 그랬어요."

　　중학교를 졸업한 제자들이 고등학교 교복을 입고 학교에 찾아와 단골로 하는 말이다. 중학교 때 과학 과목에서 늘 A를 받던 아이들이 고등학교에서는 3등급도 힘들다는 것이다. 이런 현상이 일어나는 가장 큰 이유는 중학교와 고등학교 평가 방식의 차이 때문이다.

중학교는 상대적 서열에 따라 '누가 더 잘했는지'를 평가하는 것이 아니라 '학생이 무엇을 어느 정도 성취하였는지'를 평가한다. 교육과정 상의 과목별 성취 기준에 도달한 정도로 학생의 학업 성취 수준(A-B-C-D-E, A-B-C, P)을 평가하는 '절대평가' 방식이다. 중학교 성적은 수행평가와 지필평가의 합산으로 이루어지며 반영 비율은 학교, 과목마다 다르지만 합산 결과 90점 이상이면 모두 A를 받는다. 그리고 대부분의 중학교에서는 학년의 30~40% 정도가 A를 받는다. 이 또한 지역, 학교, 과목마다 조금씩 차이는 있지만 대체로 그렇다.

성취 수준	성취율(원점수)
	일반 교과
A	90% 이상
B	80% 이상 ~ 90% 미만
C	70% 이상 ~ 80% 미만
D	70% 이상 ~ 70% 미만
E	60% 미만

반면 고등학교는 상대평가 방식으로 내신 성적을 산출한다. 고등학교 내신 역시 수행평가와 지필평가로 이루어지지만 상대평가이기에 학년별 전체 학생 수에 따라 일정 비율로 등급이 나뉜다. 중학교에서 A를 받는 상위 30~40%의 아이들은 내신 5등급제에서는 1~3등급에 해당한다(내신 9등급제에서는 1~4등급).

5등급제	등급	1	2	3	4	5
	비율	10%	24%	32%	24%	10%
	누적 비율	10%	34%	66%	90%	100%

중학교 때는 적당히 공부해도 90점만 넘으면 성취도 A를 쉽게 받기 때문에 스스로 공부를 잘한다고 착각하는 아이들을 많이 봤다. 그런데 이런 적당히 하는 공부가 고등에서는 통하지 않는다.

고등학교에서는 절대적인 공부량과 공부 시간을 늘리고, 집중적으로 반복 암기해야 좋은 성적을 받을 수 있다. 따라서 고등학생이 되기 전 '적당히 하는 공부' 방식은 버려야 한다. 90점만 맞아도 되는 공부와 백 점을 맞는 공부는 다르다. 산술적으로는 단 10점의 차이로 생각되겠지만 문제 하나, 소수점 하나로 등급이 갈리는 게 고등학교 내신, 그리고 수능이다.

구분	중학교	고등학교
등급	90점 이상 모두 A	소수점 차이로 등급이 달라짐. 한 문제라도 더 맞아야 내신에 유리
방식	성취 평가제 절대평가 방식	5등급 상대평가로 변화(절대평가 병기)
특징	쉽고 범위가 좁다	변별을 위한 어렵고 지엽적인 문제가 출제되며 범위가 넓다 (교과서 외 방대한 외부 자료 및 부교재)
	전교 등수, 반 등수 등이 산출되지 않으므로 시험 후 자신의 위치를 모른다	상대평가 등급으로 전교 등수, 동점자 수도 알 수 있다
	적당히 하는 공부	절대적 공부량과 시간 필수

위 표를 다시 살펴보자. 고등학교 시험은 '변별을 위한 어렵고 지엽적인 문제가 출제되며 범위가 넓다'라는 특징이 있다. 이런 시험에 가장 강

한 과목이 과학이다. 과학은 나선형 교육과정이다. 원하는 단원만 선택해 집중적으로 공부한다고 해도 좋은 성적을 받을 수 없는 과목이다. 개념을 기초부터 시작해 심화로 배우기 때문에 초등학교 때부터 조금씩 쌓고 쌓는 공부를 꾸준히 해 왔다면 시험 범위가 좁든 넓든, 문제를 푸는 데 필요한 개념이 중요하든 부차적이든 좌우되지 않는다.

게다가 고등 통합과학 지필평가는 50분 동안 25문항 정도를 풀어야 한다. 여러 영역이 뒤섞여 있으며 모의고사 및 수능 유형, 서술형 문제들로 구성되는데, 이런 시험은 무작정 암기가 통하지 않는다. 그리고 알다시피 원래부터 과학은 무작정 암기가 통하지 않는 과목이다. 이 책에서 말하는 대로 개념과 원리를 이해한 후 철저히 암기하는 과학 공부에 익숙한 아이가 고등학교 평가 시스템에도 잘 적응할 수 있다.

진로 탐색과 자기 주도 학습

고교학점제의 큰 특징을 꼽자면, 바로 '자기 주도'다. 지금까지 초·중·고 아이들은 주어진 교육과정에 따라 수업을 듣고 성취도에 상관없이 과목 이수를 인정받았다. 수업 일수 3분의 2 이상만 출석하면 다음 학년으로 올라가고 졸업까지 할 수 있었다.

그러나 2025학년도부터 시행되는 고교학점제에서는 아이들이 직접 자신의 진로에 맞춰 수업을 듣는다. 교육과정을 수동적으로 따라가는 게 아니라 자기 주도적으로 필요한 과목을 선택하는 것이다. 또한 학생이 과목을 이수하고 학점을 취득하기 위해서는 수업 횟수의 3분의 2 이상 출석과 학업 성취율 40% 이상이라는 기준을 충족해야만 한다. 그리고 3년간 192학점을 취득해야 졸업이 가능하다.

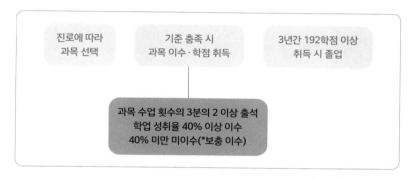

교과(군)	공통과목	필수 이수 학점	자율 이수 학점
국어	공통국어1, 공통국어2	8	적성과 진로를 고려해 편성 90
수학	공통수학1, 공통수학2	8	
영어	공통영어1, 공통영어2	8	
사회(역사/도덕 포함)	통합사회1, 통합사회2	8	
	한국사1, 한국사2	6	
과학	통합과학1, 통합과학2	8	
	과학탐구실험1, 과학탐구실험2	2	
체육		10	
예술		10	
기술/가정·정보·한문·제2외국어·교양		16	
창의적 체험활동 자율/자치·동아리·진로 활동		18	
총 이수 학점		192	

한 학기 동안 50분 수업을 16회 이수해야 1학점을 받는다. 공통과목 중에서 국·영·수, 통합사회는 8학점, 통합과학은 과학탐구실험을 포함해 10학점을 이수해야 한다. 세부적으로 과학탐구실험은 학기당 1학점씩 총 2학점, 통합과학1과 2를 한 학기에 4학점씩 총 8학점을 이수한다.

고교학점제에서 아이는 스스로 자신에게 필요한 배움이 무엇인지를 찾아야 한다. 그러려면 진로 탐색 역량, 자기 주도적 학습 습관이 밑바탕이 되어야 하는데, 안타깝게도 이 두 가지를 갖추지 못한 아이들이 있다.

진로 탐색 역량, 자기 주도적 학습 습관의 형성은 가정에서부터 이루어져야 한다. 먼저, 진로 탐색 역량을 기르기 위해서는 아이가 좋아하고 관심 있는 분야를 스스로 탐구할 수 있는 기회를 부모가 제공해 줘야 한다. 좋아하고 관심 있는 분야를 바탕으로 진로를 탐색해 본 아이는 고등학교 진학 후 진로에 맞는 과목을 수월하게 선택한다. 초등학교, 중학교부터 아이의 의지에 따라 결정하고 선택하고 책임지는 활동을 일부러라도 만들어 줘야 하는 것이다. 평소 부모가 아이의 강점과 약점을 관찰하고 기록하는 게 큰 도움이 된다. 학년 말 아이의 생활통지표에 담임이 써 준 '행동특성 및 종합의견'을 참고하는 방법도 있다. 아무래도 부모가 자녀를 바라보는 시선은 주관적일 수밖에 없으니 제삼자의 시선에서 분석한 자녀의 강점과 약점을 통해 자녀를 객관적으로 바라보는 것도 필요하다.

자기 주도적 학습 습관을 기르는 데는 복습만 한 게 없다고 생각한다. 선행은 아직 모르는 개념을 배워야 하기에 가르치는 사람, 즉 교수자의 역할이 중요하다. 그러나 복습은 학습자의 몫이 크다. 자신이 배운 내용을 다시 공부하며 익히는 과정을 스스로 하지 않으면 어려운 법이다. 꾸준히 복습해 온 아이라면 누구보다 자기 주도적 학습 습관이 잘 형성되어 있다고 할 수 있다. 이 책을 처음부터 쭉 읽었다면 효율적인 복습 방법에 대해 누구보다 잘 알고 있을 것이다(132쪽 참조). 늦지 않게 아이에게 가르쳐 주기 바란다.

고등 키포인트2.
과학 선택과목

교육과정의 많은 부분이 한꺼번에 바뀌기 때문에 아이도 학부모도 혼란스럽기는 마찬가지일 것이다. 이럴 때일수록 출처가 불명확하고 신빙성이 떨어지는 정보를 사실인 것처럼 말하는 카더라 통신에 흔들리기보다 어떤 부분이 변화하는지 정확히 알고 대처할 필요가 있다.

2022 개정 교육과정에서 과학 과목의 가장 큰 변화는 공통과목(통합과학, 과학탐구실험)과 선택과목(일반선택, 진로선택, 융합선택, 과학계열선택)으로 구분된다는 점이다. 여기서 주목해야 할 부분은 선택과목이다. 앞서 말한 대로 고등학교에서는 아이가 자신의 진로에 맞춰 과목을 선택해야 하는데, 그에 따라 들어야 할 과학 과목, 수업 시수, 이수 학점이 달라진다. 공부 방향도 달라진다. 대학에서는 진로에 맞게 과목을 선택해서

이수했는지를 평가하기에 선택과목을 고르는 일은 생기부를 쓰는 것만큼이나 중요하다고 할 수 있다. 그러므로 일반과목 선택에 따른 진로선택 과목의 위계를 잘 알아 두어야 한다. 교육부와 한국과학창의재단에서 제시한 고등학교 진로 선택에 따른 과학 과목 이수 경로를 참고하자.

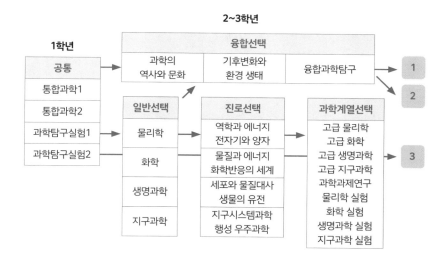

1은 대학 인문·사회, 예체능 계열을 지망할 경우의 이수 경로다. 공통과목을 이수한 다음 융합선택으로 나아가면 된다. 2는 융·복합 계열을 지망할 경우이며, 공통과목을 이수한 다음 일반선택, 융합선택으로 나아간다. 3은 이공 계열을 지망할 경우다. 공통과목, 일반선택, 진로선택, 과학계열선택 순이다. 경로가 긴 만큼 수업 시수와 이수 학점이 많다. 과학계열선택은 일반고보다 영재고, 과학고, 자사고에서 개설되는 과목들로, 고급 과목을 이수하기 전 일반 하나, 진로 두 과목을 반드시 이수해야 한다.

2022 개정 교육과정에서는 공통과목을 1, 2학기로 나눠 이수하기 때문에 생기부 세특 또한 각 학기마다 기록된다. 그래서 학년별 과목당 500자로 기록되던 생기부 세특이 각 학기당 500자씩, 1년간 총 1000자로 늘어났다. 늘어난 글자 수만큼 학교생활, 과목별 수행평가를 충실히 해야 한다. 더불어 생기부 세특 기재를 위해 더욱더 진로에 따른 선택과목을 신중히 골라야 한다. 예를 들어 일반선택 과목으로 '화학'을 선택했다면 진로선택 과목에서 화학 연계 '물질과 에너지, 화학반응의 세계'를 선택해야 한다. 물리학, 화학을 선택한 학생이 과목의 위계와 깊이를 무시하고 진로선택 과목으로 생명과학 연계 '세포와 물질대사, 생물의 유전'을 선택하면 안 된다는 이야기다.

반드시 알아야 할 점은 학교마다 개설되는 선택과목과 이수 시기가 다르다는 것이다. 그래서 아이가 고입 원서를 작성하기 전에 원하는 학교와 주변 학교의 교육과정 편제표를 반드시 비교하고 원서를 써야 한다. 공부하느라 바쁜 아이가 스스로 찾고 비교하기는 힘들다. 부모나 가까운 어른이 학교별 교육과정 편제표를 출력해 아이가 진학하고자 하는 고등학교에 진로와 적성에 맞는 선택과목이 개설되어 있는지, 몇 학기에 개설되는지 확인해 주어야 한다. 대부분 학교 홈페이지에서 편제표를 볼 수 있으니 미리 확인하기 바란다.

간혹 희망 전공과 이수 과목이 다른 아이들이 있다. 학생부종합전형을 지원할 계획이라면 전공에 맞는 과목 이수는 기본이다. 반드시 전공 연계 과목 이수를 확인해야 한다. 지난해 서울대에서 '2028학년도 입학 전형의 주요사항(안)'을 발표했다. 국내 대학 중 가장 먼저 발표되었기에 서울대 입학 전형을 기준으로 다른 대학들도 입학 전형을 발표할 것이다. 따라서 부모와 아이도 서울대 입학 전형을 나침반 삼아 대학 입시를 준비하는 편이 좋다. 이후 아이가 지망하는 대학교의 입학 전형이 공개되면 그것을 참고로 준비하면 된다.

[서울대 전공 연계 과목 선택 가이드-예시]

공과대학 (전 모집단위)	• 기하, 미적분Ⅱ • 물리학, 화학, 지구과학 연계 진로선택 중 3과목 이상 이수 권장 • 기계공학부, 전기·정보공학부, 화학생물공학부, 에너지자원공학과, 원자핵공학과, 조선해양공학과, 항공우주공학과는 일반선택 과목인 물리학 우선 이수 권장

복잡할수록 공부 방향은 현실적으로 잡아야 한다

✦ 인문·사회, 예체능, 융·복합 계열을 지망한다면

인문·사회, 예체능, 융·복합 계열 지망생의 경우, 통합과학은 중등 과학을 탄탄히 공부한 다음 예습해도 늦지 않다. 중학교 3년 동안 과학을 꼼꼼히 복습해야 한다. 학교에서 배운 내용을 복습하고 시험 기간에 해당 범위의 시험 준비를 철저히 하자. 시험 문제는 교육부에서 정리한 성취 기준에 따라 출제된다. 이 성취 기준은 고등 내신, 수능과의 연결성을 고려해 만든 것이므로 중학교 때 시험 공부를 꼼꼼히 해 두면 앞으로 다가올 고등 내신 시험, 수능에도 도움이 될 것이다. 이후 고1 3월 모의고사로 중등 과학 공부를 점검하는 시간을 갖자. 많이 틀리는 단원을 보충하고, 그다음 통합과학과 연계율이 높은 단원을 심화 수준까지 공부한다(200쪽 참조).

만약 중학교 1~3학년을 보내면서 중등 과학 공부를 제대로 하지 않았다면 3학년 2학기 기말고사가 끝난 후 고등학교 입학 전까지 복습하기 바란다. 고등 선행에 치중해 중학교 학습 내용을 잊어버리면 절대 안 된다. 빠르게 가려고 서두르다 오히려 돌고 돌아 더 늦게 갈 수도 있다. 선행보다는 중등 과학을 완전 학습하는 게 통합과학까지 빠르게, 안전히 도달하는 방법이다.

	1단계	2단계	3단계
시기	중 1~3학년	중 3학년 2학기 기말고사 후	중 3학년 겨울방학
내용	• 중등 과학 복습 중등 내신 준비=고등 통합과학 예습	• 고1 3월 모의고사로 중등 과학 점검 → 주요 단원 중등 과정 심화	• 통합과학1 예습 개념과 문제 풀이 모두 고등 1학년 1학기 내신 시험 대비로 준비

✦ 이공 계열을 지망한다면

이공 계열 진학을 희망하는 학생에게는 과학이 필수다. 그러므로 과학 공부의 방향이 다른 계열 지망생과는 달라야 한다. 이공 계열 수시에서는 진로·적성에 따른 과학 선택과목 이수 및 교과 성취도, 과목별 세특 등을 볼 것이며, 정시에서도 서울대를 필두로 생기부를 보는 학교가 더 늘 것이라 예상된다. 고등 2~3학년에 선택과목의 지필평가와 수행평가를 챙기며 1학년 때 배운 통합과학도 수능을 준비하기 위해 꾸준히 공부해야 하는 이중고에 처하게 된다.

내신 5등급제로 바뀌며 성적의 부담이 줄어들었다고 하지만, 선택과목 체제 안에서는 오히려 더 심해질 수 있다. 선택과목은 공통과목에 비해 수업을 듣는 학생 수가 적을 수밖에 없다. 이는 선택과목에서 1등급(10%)을 받는 일이 공통과목보다 더 어렵다는 것이다. 게다가 교육과정 편제상 한 학기에 두세 선택과목을 공부해야 한다. 그중 과학 일반선택과목인 물리학과 화학은 또 다른 이름의 수학이라고 말할 정도로 난도가 높으며 많은 양의 공부와 문제를 풀어야 한다.

가장 큰 압박감은 과학 진로선택에 있다. 2015 개정 교육과정에서는 물리학II, 화학II, 지구과학II, 생명과학II 과목이 고등 3학년에 편성되어 있었고, 절대평가였다. 내신과 수능에 집중할 수 있는 여유가 조금은 있었던 셈이다. 하지만 2022 개정 교육과정에서는 진로선택 과목을 고등 2~3학년에 배운다. 내신 5등급 상대평가로 바뀌며 전보다 지필평가와 수행평가에 대한 부담이 더 커졌다.

학교 내 교육과정에 편제되지 않았거나 학생 수요 부족 등으로 미개설된 과목에 한하여 온·오프라인 공동교육과정에 참여하는 방법도 있다. 여기서 공동교육과정이란 단일 학교에서 개설하기 어려운 수업을 거점학교나 여러 학교가 연계·협력해 운영하는 것을 말한다. 따라서 아이가 희망 진로에 따라 학교에서 개설되지 않은 진로선택 과목을 들어야 한다면 공동교육과정에 참여해야 하는데 그러면 학습 부담이 더 가중될 수밖에 없다. 참고로 인문계 고등학교 중에는 과학 고급 과목이 개설되지 않는 학교가 많다. 따라서 진학할 학교의 선택과목 시기나 선택과목별 공부량을 미리 알고 대비하는 것도 해야 할 공부가 많은 고등학교에서는 나쁘지 않은 전략이다.

이공 계열을 지망하는 경우 중학교 1학년 때부터 이 책에서 제시한 방법에 따라 반드시 과학을 공부하기 바란다. 지필평가 기간이 아닐 때는 수학과 마찬가지로 과학도 자신만의 속도대로 공부를 지속한다. 그리고 중학교 3학년이 되면 중등 과학을 복습하며 통합과학1, 2 개념 공부가 되어야 한다. 교육과정 편제상 대부분 학교는 고등 2학년 1학기에서 3학년 2학기까지 선택과목을 이수한다. 국·영·수·사·과 외 다수의 선택 과목까지 소화하기 위해서는 현실적으로 선행이 필요하다. 고등학교 입학 후 짧은 시간에 모든 과목의 지필평가와 수행평가를 준비하기에 시간도 빠듯하다. 선행을 조장하는 건 아니지만 최소한의 선행이 되어야 고등학교에 올라가 골고루 균형 있게 공부할 여유가 생긴다.

중등 과학과 더불어 고등 통합과학1, 2의 개념을 공부했고, 중학교 3학년 겨울방학 동안 통합과학1을 내신 시험 준비하듯 공부했다면, 고등학교에 입학 후 과학 선택과목 중 한두 과목(물리, 화학)을 공부하는 계획을 세워 보자.

	1단계	2단계	3단계
시기	중 1~2학년	중 3학년	중 3학년 겨울방학
내용	• 중등 과학 완전 학습 내신 준비=고등 통합과학 예습	• 중등 과학 복습 • 통합과학1, 2 선행 학습 • 고1 3월 모의고사로 중등 과학 점검	• 통합과학1 고등 1학년 내신 시험 준비

현직에 있는 고등학교 과학 교사들에게 선택과목 공부법에 대해 물었더니 하나같이 같은 대답이 돌아왔다. "중등 과학과 고등 공통수학1, 2를 완벽히 공부할 것." 고등 통합과학과 중등 과학의 연계율은 60% 이상이다. 그래서 중등 과학을 탄탄히 하는 건 고등 통합과학의 선행을 완벽히 하는 것과 같다. 또한 과학은 수학과 밀접히 연계되어 있다. 물리학에서는 함수·그래프 해석 능력·행렬·미분·적분, 화학에서는 비례식, 생명과학에서는 확률, 지구과학에서는 기하가 과학을 공부하는 데 큰 도움이 된다. 과학과 밀접한 수학 단원도 탄탄히 공부한 다음 고등학교에 진학하기 바란다.

고등 통합과학
문제집 추천

중등 과학 개념을 확실히 익힌 아이들은 통합과학 1, 2의 개념을 공부하고 문제 풀이를 하는 게 좋다. 개념이 명확하지 않으면 문제 풀이에서 막힌다. 개념서는 어려운 것을 택하기보다 쉬운 것을 반복해 보며 개념을 차근히 다지는 편이 좋다. 통합과학 교과서를 보며 읽고 정리하는 방법도 추천한다. 누군가 정리한 내용보다 스스로 교과서를 읽고 정리한 내용이 더 이해되고 오래 남는 법이다. 그다음 과학 선택과목 중 한두 과목을 공부하는 계획을 세우고 실행하자.

과학은 수학과 마찬가지로 일정한 속도를 유지하며 공부해야 한다. 문제집 한 권을 정해 학년별로 진도를 나가도 좋다. 또는 물리학과 화학 부분만 따로 진도를 나가고, 두 과목에 비해 상대적으로 수월한 지구과학과 생명과학은 학교 수업으로 해결하는 전략도 괜찮다.

고등학교의 사이클은 '내신 준비-중간고사-내신 준비-기말고사-방학'으로 움직인다. 잠시라도 쉴 수 있는 시간적 여유가 없다. 1학년 내신 성적부터 대학 입시에 반영되기 때문에 어떤 시험도 긴장을 놓칠 수가 없다. 중요한 만큼 압박감이 크다. 그러니 어설프고 무리한 선행보다는 적정한 복습으로 공부의 내공을 쌓아야 한다. 그것이 부족한 시간, 많은 공부량 앞에서 흔들리지 않는 방법이다.

종류	특징
자습서, 평가 문제집 (학교별 상이)	교과서 출판사에서 나오는 자습서와 평가 문제집은 고등학교에서는 필수로 공부해야 한다
자이스토리 통합과학1	5개 과학 교과서에 수록된 개념을 모아 정리했다. 내신 대비, 수능 유형 문제들을 함께 구성해 한 권으로 내신과 수능을 대비할 수 있다
EBS 개념완성 통합과학1	교과서 개념부터 다양한 유형의 문제가 있으며 수행평가 활동지가 제공되기 때문에 수행평가 및 지필평가를 모두 대비할 수 있다
EBS 수능특강 과학탐구영역 EBS 수능완성 과학탐구영역	EBS의 대표적인 수능 연계 교재는 완성도가 높고 오류가 적다. '수능특강'은 이론 학습용으로, '수능완성'은 문제 풀이용으로 활용하면 좋다. 문제집을 꼼꼼하게 풀 필요가 있다
족보닷컴 기출 예상문제	족보닷컴에서 과목별, 교과서 출판사별 예상 문제를 출력해서 풀어볼 수 있다. 유료로 한 달가량, 6개월, 12개월로 이용권을 끊어야 한다

학교별 역대 기출 문제	학교 홈페이지나 시험 전 학교 도서관에서 열람 가능하다. 사립학교는 역대 기출 문제를 풀어 보는 게 도움이 되지만 공립학교는 교사마다 출제 경향이 달라 기출 문제에 의존해서는 절대 안 된다. 실제로 수업에 집중하는 아이들이 점수를 맞도록 수업 중 흘리듯이 이야기한 내용을 출제하기도 한다. 그래서 공립학교는 기출 문제보다 수업에 집중하는 편이 좋다

내신부터 수능까지
통합과학 끝내기

　지난해 전국이 가장 떠들썩했던 교육 뉴스는 단연 2028학년도 수능부터 탐구영역의 선택과목이 폐지되고 통합과학, 통합사회로 바뀌게 된다는 소식일 것이다. 지금까지 탐구영역은 과학 여덟 과목, 사회 아홉 과목 중 구분 없이 최대 두 과목을 선택해 시험을 보았다. 하지만 앞으로는 모두가 필수적으로 학습하는 통합과학, 통합사회를 시험 보게 된다. 즉, 통합과학과 통합사회가 고등 1학년의 내신 과목이자 수능의 주요 영역이 된 것이다.

적용	~2027학년도	2028학년도~
시험	과학, 사회 탐구과목 17개 중 2개 선택 **• 과학: 8과목** **물리학Ⅰ, 화학Ⅰ, 생명과학Ⅰ, 지구과학Ⅰ,** **물리학Ⅱ, 화학Ⅱ, 생명과학Ⅱ, 지구과학Ⅱ** • 사회: 9과목	**• 통합과학** • 통합사회
문항 수·시간	20문항 30분	25문항 40분
문항별 배점	2점, 3점	1.5점, 2점, 2.5점

    교사와 아이들의 통합과학에 대한 이해를 돕기 위해 교육부가 발표한 수능 예시 문항을 살펴보면 평이한 수준이었다. 과학의 여러 영역이 통합된 문항, 교육과정에서의 성취 기준을 활용한 문항 등을 포함해 총 12문항이 공개되었는데, 대부분 쉬운 문제들이었지만 통합과학이라는 과목의 특성상 운동과 에너지(물리), 물질(화학), 생명(생명과학), 지구와 우주(지구과학) 영역이 섞인 지문을 분석하고 과학 과목에서 배운 지식을 적용하는 능력이 중요해 보였다. 실제 수능에서는 공개된 예시 문항보다 더 난도 높은 문제가 출제될 것이라고 생각한다.

    통합과학에서 좋은 점수를 얻기 위해서는 어떤 노력을 해야 할까? 출제 문제가 순수 과학적 소재뿐만 아니라 실생활 소재도 다루고 있으므로 평상시에 배운 내용을 일상생활에 적용해 보는 게 중요하다. 따라서 신문이나 뉴스에서 과학과 관련된 사회 이슈들을 들여다보면 좋다. 또한 수행평가와 생기부를 위해 주제 탐구 및 개인별 탐구 보고서를 작성할 때 실생활과 연관된 주제를 잡으면 관련 내용을 공부하게 되기에

궁극적으로 수능에도 도움이 될 것이다.

과학은 탐구 수행 및 실험에 사용한 기기에 대한 문제도 자주 출제된다. 당연히 그에 대한 공부도 빼먹지 말아야 한다. 2022 개정 교육과정에 따라 개편된 통합과학1의 <과학의 기초>, 통합과학2의 <과학과 미래 사회> 단원에서는 탐구 활동으로 스마트 기기를 활용해 여러 가지 기본량을 측정하고 분석하기, 디지털 탐구 도구를 활용한 실시간 생활 데이터 측정하기를 한다. 공개된 통합과학 수능 예시 12번 문항도 디지털 탐구 도구를 활용해 측정한 데이터를 그래프로 변환하고, 데이터로부터 규칙성을 파악하고, 그 결과를 적절하게 해석할 수 있어야 풀 수 있다.

그래서 이 책의 첫 장부터 강조해 온 게 탐구 기능과 자료 해석이다. 과학 탐구 과정인 기초 탐구 기능과 통합 탐구 기능에 대한 이해와 더불어 교과서에 있는 그림, 그래프, 표 등을 올바르게 해석할 수 있어야 한다. 유독 자료 변환, 자료 해석 관련 문제를 힘들어하는 아이들을 교실에서 많이 만난다. 무작정 암기한다고 저절로 길러지는 능력이 아니기에 일정 부분 도움과 훈련이 필요하다. 이런 아이들은 교과서나 평가 문제에서 제시된 탐구 결과 자료(그림, 표, 그래프)의 경향성과 규칙성을 파악하고 과학 개념을 적용하는 연습, 자료를 해석하는 연습을 해야 한다. 학년이 올라갈수록 과학에서 자료를 변환하거나 해석하는 능력은 중요해진다. 앞으로 수능에서도 탐구 과정에 대한 이해와 기능을 평가하는 문제가 자주 출제될 것이다. 특히 고득점 문제에서는 실험 조건과 결과를 연결할 수 있는 추론 능력을 묻는 문제가 많다. 고득점을 위한 핵심 키가 될 수 있기에 소홀하게 생각하지 말아야 한다.

학교에서는 해당 과목 시험이 끝나면 문항 분석을 시행한다. 정답률, 평균, 오답이 높은 문제의 유형 등을 파악해서 다음 시험에 반영하기 위함이다. 아이들이 가장 어려워하는 문제 유형은 추론 능력을 요하는 긴 지문의 문제다. 나 같은 경우 중등 과학 시험에서 과학사, 과학 탐구 실험, 실생활 연계 등 교과서의 소재를 활용한 문제를 출제하곤 한다. 변별력을 위해 긴 지문의 수능 유형 2~3문항을 출제하는 것이다. 당연히 다른 문제에 비해 정답률이 낮다.

아이들은 문제가 길면 지레 어렵다고 겁을 먹는다. 읽다가 포기하고 다음 문제로 넘어가거나 대충 푸는 아이도 많다. 하지만 고등 내신, 수능에서는 긴 문제를 읽어 낼 수 있는 문해력이 필수다. 어려워진 내용, 많은 분량을 소화하기 위해 학원에 다니며 떠먹여 주는 공부로는 절대 좋은 성적을 기대하기 힘들다. 아이가 자기 주도 학습을 하기 원하는 부모라면 더더욱 문해력을 키우는 건 필수다. 혼자 읽고 이해가 되는 공부를 할 수 있다면 굳이 시간과 돈을 낭비하며 학원을 다닐 이유도 없다.

수능이나 모의고사 국어 영역의 독서에서는 독서론, 인문·예술, 법·경제, 과학·기술 관련 비문학 지문이 돌아가며 출제된다. 당연히 지문을 바탕으로 해석해 문제를 푸는 독해 능력이 중요한데, 이때 다른 비문학 제시문과 과학 제시문을 명확히 구분하고 문제에 접근할 필요가 있다. 과학 외 비문학은 제시된 지문 안의 내용으로 문제를 풀어야 한다. 반면 과학은 가지고 있는 지식을 총망라해서 문제를 풀어야 한다. 따라서 과학 공부를 하는 건 국어 비문학의 과학까지 함께 대비하는 것이나 마찬가지다.

다음은 교육부와 한국교육과정평가원이 발표한 2028학년도 통합과학 수능 예시 문항이다.[8] 앞으로 변화할 수능에 대해 파악하면 과학 공부의 방향을 잡는 데 분명 도움이 될 것이다.

통합과학 수능 맛보기

[예시 문항1]

◉ 다음은 지구, 동물 세포, 리튬(Li) 원자에 대한 자료와 이에 대한 학생들의 대화이다.

제시한 내용이 옳은 학생만을 있는 대로 고른 것은?

① A   ② C   ③ A, B   ④ B, C   ⑤ A, B, C

유형 분석

통합과학1 <과학의 기초> 단원 내용으로, 교육과정에 나오는 주요 개념을 이해하고 있는지 평가하기 위한 문항이다. 지구, 세포, 원자의 핵을 비교하는 활동을 통해 다양한 규모와 기본량, 단위에 대한 개념을 이해하는지 평가한다. 이러한 문항을 풀기 위해서는 우주에서 벌어지는 다양한 현상을 관찰·측정하고, 적절한 물리량과 단위로 표현해 보는 연습이 필요하다.

정답 및 풀이

③

기본량이란 자연 현상이나 우리 주변의 여러 현상을 설명하기 위해 필요한 기본적인 양으로 통합과학에서는 시간, 길이, 질량, 전류, 온도, 물질량, 광도 일곱 가지를 다룬다. 각 물리량을 정확한 단위로 표현하는 것과 기본량에서 파생되어 도출된 유도량인 부피, 속력, 농도 등을 교과서에서 함께 배운다.

핵의 지름은 기본량 중 길이로 표현되며 단위로는 m를 사용한다. 하지만 부피는 길이에서 파생된 유도량으로 부피의 단위는 m^3로 표현한다.

■ 그림 (가)는 고온의 기체 방전관에서 관찰한 수소, 헬륨, 탄소의 스펙트럼을, (나)는 별 S의 흡수 스펙트럼을 나타낸 것이다. (가)와 (나)에서 관측한 스펙트럼의 파장 영역은 동일하다.

이에 대한 설명으로 옳은 것만을 〈보기〉에서 있는 대로 고른 것은?

――――――――― 〈보 기〉 ―――――――――

ㄱ. (가)의 수소 스펙트럼에서는 방출선이 나타난다.
ㄴ. S에는 탄소가 헬륨보다 풍부하게 포함되어 있다.
ㄷ. S에 포함된 헬륨은 모두 별 내부의 핵융합 반응으로 생성되었다.

① ㄱ   ② ㄴ   ③ ㄱ, ㄷ   ④ ㄴ, ㄷ   ⑤ ㄱ, ㄴ, ㄷ

[해설]

유형 분석

통합과학1 <물질과 규칙성> 단원에 해당하는 내용이다. 원소에 의한 스펙트럼과 별의 흡수 스펙트럼 자료를 분석해 별을 구성하는 주요 원소를 파악하고, 이를 별의 진화 과정에서 형성되는 원소와 관련지어 이해하고 있는지 평가하는 문항이다. 앞서 중요하다고 언급한 자료 변환 및 해석 능력이 필요하다. 스펙트럼선의 유형을 알고 스펙트럼 내 선의 위치가 가지는 의미를 이해해야 한다. 또한 별을 구성하는 원소들이 빅뱅 우주 초기의 핵융합에 의해 수소와 헬륨이 형성되었으며, 이를 재료로 탄생한 별의 내부에서 연속적인 핵융합 반응에 의해 우주와 생명을 구성하는 다양한 원소가 생성되었다는 것을 알고 있어야 한다.

정답 및 풀이

①

스펙트럼에는 연속 스펙트럼과 선 스펙트럼(방출 스펙트럼, 흡수 스펙트럼)이 있으며 문제는 선 스펙트럼에 대해 묻고 있다. 선 스펙트럼의 특징은 다음과 같다.

- 원소마다 선 스펙트럼의 선의 위치, 간격, 두께가 다르다. 이를 통해 원소의 종류와 양을 알 수 있다.
- 같은 원소라면 선 스펙트럼에서 흡수선과 방출선의 위치가 서로 같다.

문제에서 (가)는 방출 스펙트럼, (나)는 흡수 스펙트럼을 나타낸다.

방출 스펙트럼에서는 방출선이 나타나므로 ㄱ은 옳은 설명이다.

선 스펙트럼의 위치를 살펴보면 별 S에는 수소와 헬륨이 포함되어 있지만 탄소는 포함되어 있지 않음을 알 수 있다. ㄴ은 옳지 않은 설명이다.

헬륨은 수소 핵융합 반응과 빅뱅 핵합성에 의해 만들어질 수 있다. ㄷ도 옳지 않은 설명이다.

▣ 다음은 자유 낙하하는 물체와 수평으로 던져진 물체의 운동을 비교하는 실험이다.

[실험 과정]

(가) 그림과 같이 쇠구슬 발사 장치와 모눈종이를 설치하고 동일한 쇠구슬 A와 B를 준비한다.

(나) 쇠구슬 발사 장치를 이용해 A를 가만히 떨어뜨리는 순간 B를 수평 방향으로 발사하고, A와 B의 운동을 스마트 기기로 촬영한다.

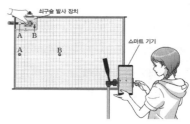

(다) 운동 분석 프로그램을 이용해 A, B의 시간에 따른 연직 방향과 수평 방향의 운동을 그래프로 각각 나타낸다.

[실험 결과]

I, II, III은 (다)의 결과 중 일부를 나타낸 것이다.

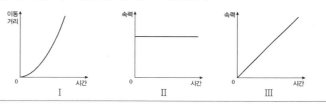

이에 대한 설명으로 옳은 것만을 〈보기〉에서 있는 대로 고른 것은?

〈 보 기 〉

ㄱ. A의 연직 방향 운동의 이동 거리를 나타낸 그래프는 I이다.

ㄴ. B의 수평 방향 운동의 속력을 나타낸 그래프는 II이다.

ㄷ. B의 연직 방향 운동을 나타낸 그래프는 I과 III이다.

① ㄱ   ② ㄷ   ③ ㄱ, ㄴ   ④ ㄴ, ㄷ   ⑤ ㄱ, ㄴ, ㄷ

[해설]

유형 분석

통합과학1 <시스템과 상호작용> 단원에 해당하는 내용이다. 중력이 물체의 운동에 미치는 영향을 탐구하는 과정에서 디지털 도구를 활용해 정확하게 자료를 수집하고, 수집된 자료를 통해 탐구 결과를 해석할 수 있는지 평가하기 위한 문항이다. 이 문항을 풀기 위해서는 물체에 중력이 작용할 때 중력이 작용하는 방향으로는 물체의 속력이 일정한 비율로 증가하고, 이동 거리가 시간의 제곱에 비례해 증가한다는 개념을 알고 있어야 한다. 수평 방향으로 던져진 물체는 연직 방향으로 등가속도 운동을 하고 수평 방향으로 등속 운동을 한다는 원리 또한 알아야 한다. 그리고 각 운동을 이동 거리-시간, 속도-시간 그래프로 표현하고 해석할 수 있어야 한다.

정답 및 풀이

⑤

A는 연직 방향으로 등가속도 직선 운동을 한다.

B는 연직 방향으로 중력의 영향을 받아 등가속도 직선 운동을 하고, 수평 방향으로는 등속 직선 운동을 한다.

Ⅰ은 기울기가 커지므로 속력이 증가하는 등가속도 직선 운동 그래프다.

Ⅱ는 속력이 일정한 등속 직선 운동 그래프다.

Ⅲ은 속력이 일정하게 증가하므로 등가속도 직선 운동의 그래프다.

[예시 문항4]

■ 다음은 자석이 코일을 통과하는 과정에서 유도되는 전류를 알아보는 실험이다.

[실험 과정]

(가) 그림과 같이 코일에 검류계를 연결한다.

(나) 자석의 N극을 아래로 하고, 코일로부터 높이 h에서 코일의 중심축을 따라 자석을 가만히 놓는다.

(다) 자석의 N극이 p점을 지나는 순간 검류계 바늘이 움직이는 방향을 관찰한다.

(라) 자석의 S극이 q점을 지나는 순간 검류계 바늘이 움직이는 방향을 관찰한다.

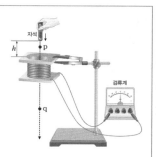

[실험 결과]

(다)의 결과

이에 대한 설명으로 옳은 것만을 〈보기〉에서 있는 대로 고른 것은?

〈 보 기 〉

ㄱ. 자석이 코일을 통과하는 과정에서 역학적 에너지 일부가 전기 에너지로 전환된다.

ㄴ. h가 클수록 (다)에서 검류계 바늘이 (+) 방향으로 더 많이 움직인다.

ㄷ. (라)에서 검류계 바늘은 (+) 방향으로 움직인다.

① ㄱ   ② ㄷ   ③ ㄱ, ㄴ   ④ ㄴ, ㄷ   ⑤ ㄱ, ㄴ, ㄷ

유형 분석

이 문항도 통합과학1 <시스템과 상호작용> 단원으로 중력장 내의 운동, 발전과 관
련한 문항이다. 자석 운동으로 인해 역학적 에너지가 전기 에너지로 전환되는 과정
에 대한 탐구 결과를 바탕으로 자료를 분석하고 결론을 도출할 수 있는지 평가한다.
중력에 의해 자석이 자유 낙하할 때 위치 에너지가 운동 에너지로 전환되어 자석
의 속력이 증가한다는 개념을 이해해야 한다. 또한 코일을 통과하는 자석의 운동에
따라 유도되는 전류의 크기와 방향이 달라진다는 것을 파악할 수 있어야 한다.

정답 및 풀이

③

ㄴ. h가 클수록 p점에서 자석은 더 빠른 속도로 떨어지게 된다. 자석이 더 빠르게
다가오니 전류도 더 많이 흐르게 되어 검류계 바늘이 더 많이 움직이게 된다.
ㄷ. (나)에서처럼 자석의 N극이 코일에 다가오면 전류가 유도되어 코일의 위쪽은
N극이 되고 아래쪽은 S극이 된다. (라)와 같이 자석의 S극이 멀어지면 아래쪽이 N
극, 위쪽이 S극이 된다. 이때는 (다)와 반대 방향으로 전류가 흐르기 때문에 검류계
에서 바늘은 (-) 방향으로 움직인다.
.

■ 다음은 학생 A가 수행한 탐구 활동이다.

[가설]

◦ 지구 및 생명 현상에서 산화 환원 반응이 일어나면 ⑤

[탐구 과정]

◦ 산화 환원과 관련한 지구 및 생명 현상 (가)~(다)에서 일어나는 산화 환원 반응의
  화학 반응식과 이 반응이 일어날 때 주위로 열을 흡수 또는 방출하는지 조사한다.

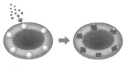

(가) 호상철광층의 형성   (나) 식물의 광합성   (다) 산화 헤모글로빈의 형성

[탐구 결과]

현상	화학 반응식	열의 출입
(가)	$4Fe + 3O_2 \rightarrow 2Fe_2O_3$	방출
(나)	$6CO_2 + 6H_2O \rightarrow C_6H_{12}O_6 + 6O_2$	
(다)	$Hb + O_2 \rightarrow HbO_2$	방출

[결론]

◦ 가설은 옳다.

**학생 A의 결론이 타당할 때, 이에 대한 설명으로 옳은 것만을 〈보기〉에서 있는 대로
고른 것은?**

〈 보 기 〉

ㄱ. '주위로 열을 방출한다.'는 ⑤에 해당한다.

ㄴ. (가)의 반응에서 Fe은 전자를 잃는다.

ㄷ. (다)의 반응에서 Hb은 산화된다.

① ㄱ   ② ㄴ   ③ ㄷ   ④ ㄱ, ㄴ   ⑤ ㄴ, ㄷ

[해설]

유형 분석

통합과학2 <변화와 다양성> 단원의 산화와 환원, 물질 변화에서 에너지 출입과 관련한 문항이다. 지구 및 생명 현상에서 일어나는 산화 환원 반응을 알고, 이 반응에서 열의 흡수 또는 방출이 있음을 인식해 가설을 설정하고 검증할 수 있는지 평가한다.

산소를 얻거나 전자를 잃으면 산화 반응, 산소를 잃거나 전자를 얻으면 환원 반응이라는 개념과 두 반응이 동시에 일어나는 것을 이해해야 한다. 이러한 유형의 문제를 풀기 위해서는 광합성, 화석 연료 사용, 철의 제련을 비롯해 우리 주변에서 경험하는 다양한 변화의 사례에서 산화 환원 반응을 산소와 전자의 이동으로 설명해 보는 연습이 필요하다.

정답 및 풀이

⑤

(가)는 철이 산소와 결합하여 산화 철(Ⅲ)이 생성되는 산화 반응이다.

(나) 식물의 광합성은 동화작용으로 열을 흡수하는 흡열 반응이다.

(다)에서 Hb는 산소와 결합하므로 산화된다.

▣ 다음은 중화 반응 실험이다.

[실험 과정]

(가) HCl 수용액과 NaOH 수용액을 각각 50 mL 준비한다.

(나) (가)에서 준비한 두 가지 수용액의 부피를 표와 같이 달리하여 혼합한 용액 Ⅰ~Ⅲ을 만들고, 각 혼합 용액의 최고 온도를 측정한다.

혼합 용액	Ⅰ	Ⅱ	Ⅲ
HCl 수용액의 부피(mL)	15	10	5
NaOH 수용액의 부피(mL)	5	10	15

(다) Ⅰ~Ⅲ에 BTB 용액을 각각 2~3방울 넣은 후 혼합 용액의 색을 관찰한다.

[실험 결과 및 자료]

혼합 용액	Ⅰ	Ⅱ	Ⅲ
최고 온도(℃)	t_1		t_2
혼합 용액의 색	㉠	파란색	
이온 모형			
모든 이온 수	$12N$	x	y

이에 대한 설명으로 옳은 것만을 〈보기〉에서 있는 대로 고른 것은? (단, 혼합 전 모든 수용액의 온도는 같고, 혼합 용액의 부피는 혼합 전 각 수용액의 부피의 합과 같다.)

〈보 기〉

ㄱ. '파란색'은 ㉠에 해당한다.

ㄴ. $t_1 > t_2$이다.

ㄷ. $x+y=40N$이다.

① ㄱ   ② ㄴ   ③ ㄷ   ④ ㄱ, ㄴ   ⑤ ㄴ, ㄷ

유형 분석

중화 반응을 이용해 만든 혼합 용액의 특성을 모형으로 설명하고, 실험 결과로 적절한 결론을 도출할 수 있는지 평가하는 문항이다. 통합과학2 <변화와 다양성>에 해당하는 내용이다.

수학적 사고와 모형을 활용해 산과 염기 중화 반응 전과 후 용액에 존재하는 이온의 종류, 수를 추론할 줄 알아야 한다. 또한 산과 염기 중화 반응에서 나타나는 용액의 온도 변화, 지시약의 색 변화를 예측할 수 있어야 한다.

정답 및 풀이

⑤

산과 염기가 만나는 경우 수소 이온과 수산화 이온은 1:1의 계수비로 반응하여 물을 만든다. 혼합 용액에서 수소 이온의 개수가 수산화 이온의 개수보다 많으면 산성, 같으면 중성, 적으면 염기성을 나타낸다.

BTB 용액은 산성에서 노란색, 중성에서 녹색, 염기성에서 파란색을 띠는 지시약이다.

산과 염기가 혼합되는 반응에서는 열이 발생한다. 이때 중화 반응으로 생성된 물의 양이 많을수록 온도가 높다.

ㄱ. I 용액은 산성으로 노란색을 나타낸다.

ㄴ. I 에서 생성된 물이 II 에서 생성된 물보다 많으므로 $t_1 > t_2$ 이다.

ㄷ. $x = 16N$, $y = 24N$으로 $x + y = 40N$이다.

■ 다음은 이산화 탄소가 지구 온난화에 미치는 영향을 알아보기 위한 탐구 활동이다.

[탐구 과정]

(가) 부피가 500 mL로 동일한 페트병 A와 B를
준비하여 20℃의 물을 각각 250 mL씩
채운다.

(나) 물과 반응하면 이산화 탄소가 발생하는
고체 조각 2개를 B에만 넣은 직후, 근거리
무선 통신 온도계를 끼운 고무마개로 A와
B의 입구를 막는다.

(다) 빛의 세기가 일정한 백열전등을 설치하고, 전등으로부터 20 cm 떨어진 곳에 A와
B를 나란히 놓는다.

(라) 근거리 무선 통신 온도계를 스마트 기기에 연결하고 전등을 켠 후, A와 B에서
나타나는 온도를 1분 간격으로 10분 동안 측정한다.

(마) (라)에서 측정한 각각의 페트병 내의 온도 변화를 ㉠과 ㉡의 그래프로 나타낸다.

[탐구 결과]

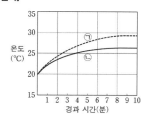

[결론]

○ 대기 중 이산화 탄소의 양이 많을수록 온실 효과는 (㉮)된다.

이에 대한 설명으로 옳은 것만을 〈보기〉에서 있는 대로 고른 것은?

───────────── 〈보 기〉 ─────────────

ㄱ. 페트병 B의 온도 변화를 나타낸 것은 ㉠이다.

ㄴ. '강화'는 ㉮에 해당한다.

ㄷ. 대기 중 이산화 탄소의 양이 현재보다 많아지면 지구는 더 높은 온도에서 복사 평형에
도달할 것이다.

① ㄱ   ② ㄷ   ③ ㄱ, ㄴ   ④ ㄴ, ㄷ   ⑤ ㄱ, ㄴ, ㄷ

유형 분석

대기 중의 이산화 탄소가 지구 온난화에 미치는 영향을 알아보기 위한 탐구 결과를 분석하고, 적절한 결론을 도출할 수 있는지 평가하기 위한 문항이다. 통합과학2 <환경과 에너지> 단원에 나오는 온실 기체와 지구 온난화와 관련한 내용이다.

정답 및 풀이

⑤

대기 중 온실 기체에 의해 일어나는 온실 효과와 복사 평형에 대한 개념을 정확히 알아야 한다. 이산화 탄소는 온실 기체로 이산화 탄소의 양이 많을수록 온실 효과는 강화된다는 것을 알면 쉽게 풀 수 있다. 탐구 결과 그래프에서 온도가 높은 ㄱ이 이산화 탄소 기체가 들어 있는 페트병 B라는 것을 알 수 있다.

▣ 그림은 에너지 전환을 주제로 한 발표 자료에 대해 학생 A, B, C가 대화하는 모습을 나타낸 것이다.

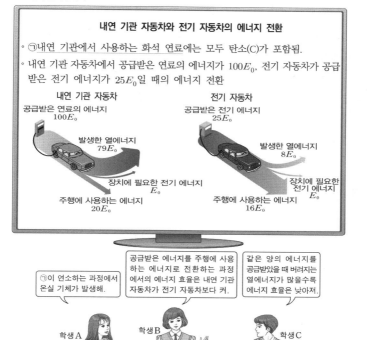

제시한 내용이 옳은 학생만을 있는 대로 고른 것은?

① A   ② B   ③ A, C   ④ B, C   ⑤ A, B, C

[해설]

유형 분석

이 문항도 통합과학2 <환경과 에너지>에 해당하는 내용이다. 에너지 전환 및 효율과 관련해 제시된 자료를 바탕으로 과학적 주장을 펼칠 수 있는지 평가한다. 이 문항을 풀기 위해서는 화석 연료의 연소, 온실 효과와 온실 기체, 에너지 효율에 관해 이해해야 한다. 자료를 바탕으로 공급받은 에너지와 유용하게 사용한 에너지의 비율을 계산해 에너지 효율을 구할 수 있어야 한다. 또한 에너지가 다른 형태로 전환되는 과정에서 에너지의 총량이 보존되며, 화석 연료의 사용 과정에서 버려지는 열에너지로 인해 에너지 이용 효율이 낮아진다는 사실을 이해하고 있어야 한다.

정답 및 풀이

③

에너지 효율 $= \dfrac{\text{사용한 에너지양}}{\text{공급한 에너지양}}$

$= \dfrac{(\text{공급한 에너지양} - \text{잃어버린 에너지양})}{\text{공급한 에너지양}}$

내연 기관 자동차 에너지 효율 $= \dfrac{20}{100}$

전기 자동차 에너지 효율 $= \dfrac{16}{25}$

내연 기관에서 사용하는 화석 연료에 모두 탄소가 포함되어 있으므로 연소 과정에서 이산화 탄소인 온실 기체가 발생하게 된다.

■ 다음은 어떤 학생이 작성한 과산화 수소 활용 실험 보고서이다.

[가설 1]
• 감자즙에는 ⓐ과산화 수소 분해 반응을 촉진하는 효소가 있을 것이다.

[가설 2]
• 과산화 수소수는 산성을 띨 것이다.

[준비물]
• 4홈판, 스포이트, 과산화 수소수, 감자즙, BTB 용액

[실험 과정]
(가) 4홈판의 A~C에는 각각 과산화 수소수 3 mL를 넣고,
　　 D에는 증류수 3 mL를 넣는다.
(나) A에는 증류수, B에는 감자즙, C와 D에는 각각 BTB
　　 용액을 2~3방울 넣는다.
(다) A~D에서 기포 생성 여부와 용액의 색 변화를 관찰한다.

A: 과산화 수소수 + 증류수
B: 과산화 수소수 + 감자즙
C: 과산화 수소수 + BTB 용액
D: 증류수 + BTB 용액

[실험 결과]

구분	A	B	C	D
기포 생성 여부	생성 안 됨	생성됨	생성 안 됨	생성 안 됨
색깔	투명	?	노란색	녹색

이에 대한 설명으로 옳은 것만을 〈보기〉에서 있는 대로 고른 것은?

───── 〈보 기〉 ─────

ㄱ. ⓐ는 과산화 수소 분해 반응의 활성화 에너지를 낮춘다.
ㄴ. 과산화 수소 분해로 생성된 산소(O_2)는 공유 결합 물질이다.
ㄷ. C와 D에서의 실험 결과를 비교하여 가설 2를 검증할 수 있다.

① ㄱ　　　　② ㄷ　　　　③ ㄱ, ㄴ　　　　④ ㄴ, ㄷ　　　　⑤ ㄱ, ㄴ, ㄷ

[해설]

유형 분석

통합과학1의 <물질과 규칙성>, <시스템과 상호작용>이 혼합된 문항이다. 효소의 기능과 물질의 결합에 대한 개념을 바탕으로 화학반응에 대한 탐구를 설계하고, 가설을 검증할 수 있는지 평가한다.

그리고 탐구 설계와 관련한 문항은 조작 변인, 통제 변인, 종속 변인을 구분할 줄 알아야 한다. 평소 과학적 원리와 개념을 적용해 일상생활에서 접하는 도구나 재료로 실험을 설계하는 연습이 도움이 된다.

정답 및 풀이

⑤

A와 B는 가설 1을 검증하기 위한 실험이고 C와 D는 가설 2를 검증하기 위한 실험이다.

ⓐ는 카탈레이스 효소로 **기질**과 결합해서 효소-기질 복합체를 형성하여 **화학반응**의 **활성화 에너지**를 낮춤으로써 **물질대사**의 속도를 증가시키는 생체 **촉매**다.

$$2H_2O_2 \xrightarrow{\text{Catalase}} 2H_2O_2 + O_2$$

감자와 같은 식물에 들어 있는 카탈레이스가 촉진하는 과산화 수소 분해 반응 결과로 생성되는 물과 산소는 모두 공유 결합 물질이다.

[예시 문항10]

■ **다음은 어떤 항생제 내성에 관한 자료이다.**

- 항생제 내성 세균은 항생제에 노출되었을 때 생존 가능성이 높고, 항생제 감수성 세균은 항생제에 노출되었을 때 죽을 가능성이 높다.
- 항생제 X에 대한 내성은 돌연변이에 의해 생기고, 다음 세대로 유전된다.
- X가 없는 조건에서 X 내성 세균과 X 감수성 세균의 증식 속도는 동일하다.
- 그림은 X 처리 여부에 따라 X 내성 세균과 X 감수성 세균의 비율이 변화하는 과정을 나타낸 것이다.

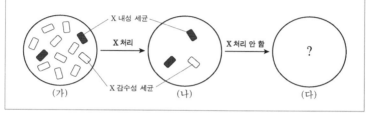

이 자료에 대한 설명으로 옳은 것만을 〈보기〉에서 있는 대로 고른 것은?

─── 〈 보 기 〉 ───

ㄱ. X에 노출되지 않은 세균 집단에서 X 내성 세균은 발생할 수 없다.
ㄴ. (가) → (나) 과정에서 세균의 형질에 따른 자연선택의 원리가 적용된다.
ㄷ. X 내성 세균의 비율은 (가)에서보다 (다)에서가 높다.

① ㄱ   ② ㄷ   ③ ㄱ, ㄴ   ④ ㄴ, ㄷ   ⑤ ㄱ, ㄴ, ㄷ

[해설]

유형 분석

이 문항은 항생제 내성 세균을 통해 생물에서 일어나는 변이와 특성, 변이를 가진 개체에 작용하는 자연선택 등의 진화 원리를 설명할 수 있는지 평가하기 위한 문항이다. 통합과학2 <변화와 다양성>과 관련한 내용이다.

이러한 유형의 문항을 풀기 위해서는 자연 현상에 과학적 원리를 적용하거나, 학습한 내용과 자료 간의 관계를 이해하고 과학적 원리를 적용하는 연습이 필요하다. 탐구 결과를 그림, 그래프, 표 등의 자료로 나타내고, 주어진 자료를 해석하는 연습도 필요하다.

정답 및 풀이

④

X를 처리한 후에 X 감수성 세균은 한 마리만 남고, X 내성 세균은 모두 살았다. 이를 통해 항생제 X에 내성이 있는 세균이 살아남는 자연선택이 일어났음을 알 수 있다. X가 없는 조건 (다)에서는 X 내성 세균과 X 감수성 세균의 증식 속도가 동일하기 때문에 자연선택에 의해 살아남은 X 내성 세균이 더 많아질 것이라 짐작할 수 있다. X에 노출되지 않은 세균 집단에서 항생제 X에 대한 내성은 돌연변이에 의해 생기고 다음 세대로 유전된다고 하였으므로 ㄱ은 옳지 않다.

▣ 다음은 생명체의 단백질과 유전정보에 대한 자료이다. ⓐ와 ⓑ는 단백질과 DNA를 순서 없이 나타낸 것이다.

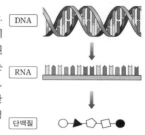

∘ ⓐ의 합성에 이용되는 아미노산은 약 20종류이다.
∘ ⓐ를 구성하는 아미노산의 종류와 결합 순서는 ⓑ에 있는 유전정보에 의해 결정된다. ⓑ에서 연속된 2개의 염기가 1개의 아미노산에 대한 정보를 갖는다면 최대 16종류의 아미노산을 지정할 수 있고, 연속된 3개의 염기가 1개의 아미노산에 대한 정보를 갖는다면 최대 64종류의 아미노산을 지정할 수 있다.

이에 대한 설명으로 옳은 것만을 〈보기〉에서 있는 대로 고른 것은?

─── 〈보 기〉 ───

ㄱ. ⓐ는 효소의 구성 성분이다.
ㄴ. ⓑ를 구성하는 단위체는 4종류이다.
ㄷ. ⓑ에서 연속된 2개의 염기가 1개의 아미노산을 지정한다.

① ㄱ   ② ㄴ   ③ ㄱ, ㄴ   ④ ㄱ, ㄷ   ⑤ ㄴ, ㄷ

[해설]

유형 분석

통합과학1의 <물질과 규칙성>, <시스템과 상호작용>이 혼합된 문항이다. 생명체를 구성하는 단백질과 핵산이 단위체의 결합을 통해 형성된다는 것(생명 시스템의 기본 단위), 이를 바탕으로 유전자로부터 단백질이 만들어지는 세포 내 정보의 흐름(유전자와 단백질)을 이해해야 풀 수 있다. DNA의 염기서열은 단백질을 구성하는 아미노산의 종류와 결합 순서를 결정하는데, DNA는 단위체인 뉴클레오타이드가 다양한 순서로 결합하여 형성되고, 단백질은 단위체인 아미노산이 다양한 순서로 결합해 형성된다. 유전정보가 유전자에 있고, DNA에서 RNA로, RNA에서 단백질로 정보가 전달되는 과정을 구체적 조작물을 통해 학습하는 것이 문제를 푸는데 도움된다.

정답 및 풀이

③

ⓐ는 단백질로 효소의 구성 성분이다.

ⓑ는 DNA로 A, G, C, T 네 종류의 염기로 구성된다.

DNA는 연속된 3개의 염기가 1개의 아미노산을 지정한다.

■ 다음은 디지털 센서를 활용하여 실시간 기상 데이터를 측정하는 탐구 활동이다.

[탐구 과정 및 결과]

(가) 어느 날 오후, 교실 내의 기온, 기압, 절대 습도, 이슬점을 측정하는 디지털 센서를 설치한다.

(나) 디지털 센서와 스마트 기기를 근거리 무선 통신으로 연결한 후, 스마트 기기가 기상 데이터를 30초 간격으로 수신하도록 설정한다.

(다) 스마트 기기에 기록된 〈자료 1〉의 기상 데이터를 이용하여 〈자료 2〉와 같이 (㉠   )하고, 〈자료 2〉의 경향성을 해석한다.

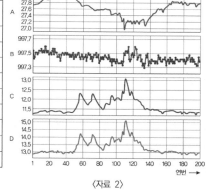

연번	기온 (℃)	기압 (hPa)	절대 습도 (g/m³)	이슬점 (℃)
1	27.7	997.5	11.2	12.8
⋮	⋮	⋮	⋮	⋮
110	26.9	997.5	12.3	14.2
111	27.1	997.5	12.8	14.8
112	27.2	997.5	13.1	15.1
113	27.2	997.5	13.0	15.0
114	27.2	997.5	12.8	14.8
⋮	⋮	⋮	⋮	⋮
200	27.8	997.3	11.3	12.9

〈자료 1〉   〈자료 2〉

[결론]

공기 중 단위 부피당 수증기량(절대 습도)이 많을수록 이슬점은 대체로 (㉡)한다.

이에 대한 설명으로 옳은 것만을 〈보기〉에서 있는 대로 고른 것은?

─〈보 기〉─

ㄱ. '그래프로 변환'은 ㉠에 해당한다.
ㄴ. A ~ D 중 이슬점 그래프는 C 이다.
ㄷ. '상승'은 ㉡에 해당한다.

① ㄱ   ② ㄴ   ③ ㄱ, ㄷ   ④ ㄴ, ㄷ   ⑤ ㄱ, ㄴ, ㄷ

[해설]

유형 분석

통합과학2 <과학과 미래 사회>에 해당하는 내용으로, 빅데이터 이용 사례를 활용해 구성된 탐구 활동에서 수집된 데이터를 그래프로 변환하고 결과를 해석할 수 있는지 평가하는 문항이다. 과학 기술 사회에서 빅데이터를 사용하는 여러 사례 중 기상 데이터(기온, 기압, 절대 습도, 이슬점 등)가 있다.

자료가 등장하는 유형의 문항은 자료를 변환하거나 해석(경향성, 규칙성 등 파악)할 수 있어야 한다. 수집한 정보를 표, 그림, 그래표로 만들거나 표를 그래프로, 그래프를 표로 변환하는 연습이 필요하다. 또한 평소 다양한 분야에서 빅테이터를 활용한 연구 사례를 신문이나 뉴스를 통해 접해 두는 것도 도움이 된다.

정답 및 풀이

③

이슬점은 12.8에서 15.1의 범위 내에서 움직이는 것을 볼 수 있으므로 그래프 D에 해당함을 알 수 있다.

C는 절대 습도로 그래프 C와 D를 보면 절대 습도가 높을수록(공기 중 단위 부피당 수증기량이 많을수록) 이슬점이 대체로 높다는 것을 알 수 있다.

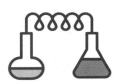

초등 편:
기초 개념 학습지

초등 3-1	생물의 한살이
단원 연계	초등 3학년 <동물의 생활>, <식물의 생활> 초등 4학년 <생물과 환경> 초등 5학년 <우리 몸의 구조와 기능> 초등 6학년 <식물의 구조와 기능> 중 2학년 <식물과 에너지>, <동물과 에너지>
단원 필수 학습 개념어	동물의 한살이, 식물이 자라는 데 필요한 조건(실험 설계), 씨가 싹트는 데 필요 한 조건(실험 설계), 한해살이 식물, 여러해살이 식물

1. 동물의 알이나 새끼가 자라서 어미가 되면 다시 알이나 새끼를 낳습니다. 이처럼 동물이 태어나서 성장하여 자손을 남기는 과정을 (   )라고 합니다.

2. 배추흰나비의 한살이 단계를 적어 보세요.

(   )→(   )→(   )→(   )

3. 씨가 싹트는 데 반드시 필요한 2가지는 무엇인가요?

4. 식물이 잘 자라는 데 필요한 조건 2가지는 무엇인가요?

5. 다음은 씨가 싹트는 데 필요한 조건에 대한 실험 설계입니다.

페트리접시 2개에 각각 탈지면을 깔고, 강낭콩을 올려 놓습니다. 한쪽 페트리 접시에만 탈지면이 젖을 정도로 물을 주어 유지하고, 다른 쪽은 물을 주지 않습니다. 약 일주일 뒤에 씨의 변화를 관찰합니다.

(1) 위의 실험은 씨가 싹트는 데 필요한 조건으로 무엇이 영향을 미치는지 알아보기 위해 설계했나요?

(2) 위 실험에서 같게 할 조건에는 무엇이 있는지 2가지를 써 보세요.

(3) 실험의 결과를 예상해 보세요.

초등 3-2	지구와 바다
단원 연계	초등 5학년 <날씨와 우리 생활> 중 3학년 <날씨와 기후변화>, <수권과 해수의 순환>
단원 필수 학습 개념어	지구, 대기, 육지, 바다. 밀물, 썰물, 갯벌

1. 눈에 보이지 않지만 지구는 공기로 둘러싸여 있습니다. 지구를 둘러싸고 있는 공기를 무엇이라 부르나요?

2. 지구 표면에서 바다와 육지 중 더 넓은 부분을 차지하는 것은 무엇인가요?

3. 육지의 물과 비교했을 때 바닷물에는 무엇이 들어 있나요?

4. 바닷가에서 볼 수 있는 지형을 3가지 적어 보세요.

5. 바닷가에 가면 시간에 따라 바닷가의 모습이 다르게 보입니다. 조개를 잡으려면 언제 바닷가에 나가야 할까요? 바닷가는 그때 어떤 모습을 하고 있나요?

6. 갯벌의 기능과 만약에 갯벌이 오염되면 어떤 일이 일어날지 나의 생각을 써 보세요.

초등 4-1	물의 상태변화
단원 연계	초등 3학년 <물체와 물질> 중 1학년 <물질의 상태변화>
단원 필수 학습 개념어	물의 세 가지 상태, 증발, 끓음, 응결

1. 물의 고체 상태, 액체 상태, 기체 상태의 이름은 무엇인가요?

2. 우리 주변에서 물의 상태가 변하는 예를 3가지 찾아보세요.

3. 물이 얼 때와 녹을 때 부피와 무게가 어떻게 변하는지 각각 설명해 보세요.

4. 물이 수증기로 변하는 현상에는 증발과 끓음이 있습니다. 증발과 끓음의 차이점은 무엇인가요?

5. 기체인 수증기가 액체인 물로 상태가 변하는 현상을 응결이라고 합니다. 응결의 예를 2가지 찾아보세요.

초등 4-2	밤하늘 관찰
단원 연계	초등 6학년 <지구의 운동>, <계절의 변화> 중 1학년 <태양계> 중 2학년 <별과 우주>
단원 필수 학습 개념어	달의 모양, 달의 위상변화, 태양계, 행성, 별의 정의, 북극성 주변 별자리

1. 달은 아래와 같이 전체적으로 둥근 공 모양이며 회색으로 보입니다. 아래 동그라미에 과학 시간 배운 달을 표면의 특징을 살려 그려 보세요.

2. 달은 30일을 주기로 모양이 변합니다. 달의 모양 변화를 그림으로 그리고 밑줄에 올바른 명칭을 써 주세요.

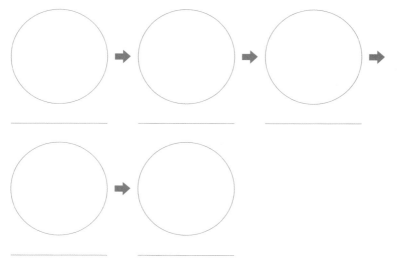

3. 태양과 태양의 영향을 받는 천체들과 그 공간을 태양계라고 부릅니다. 태양계에 있는 행성을 모두 적어 보세요.

초등 5-1	지층과 화석
단원 연계	초등 4학년 <땅의 변화> 초등 6학년 <계절의 변화> 중 2학년 <지권의 변화>
단원 필수 학습 개념어	지층, 퇴적암, 지층 형성 과정, 이암, 사암, 역암, 화석, 화석 생성 과정

1. ( ) 안에 알맞은 말을 써 넣으세요.

(1) (   )은 자갈, 모래, 진흙 등으로 이루어진 암석들이 층을 이루고 있는 것이다.

(2) 퇴적암에는 진흙과 같이 작은 알갱이로 되어 있는 (   ), 주로 모래로 되어 있는 (   ), 주로 자갈, 모래 등으로 되어 있는 (   )이 있다.

(3) 아주 오랜 옛날에 살았던 생물의 몸체와 생물이 생활한 흔적이 지층과 퇴적암 속에 남아 있는 것을 (   )이라고 한다.

2. 다음은 지층이 만들어져 발견되는 과정을 서술한 것입니다. 순서대로 번호를 써 보세요.

① 물이 운반한 자갈, 모래, 진흙 등이 쌓인다.
② 지층은 땅 위로 솟아오른 뒤 깎여서 보인다.
③ 오랜 시간이 지나면 단단한 지층이 만들어진다.
④ 자갈, 모래, 진흙 등이 계속 쌓이면 먼저 쌓인 것들이 눌린다.

(   )→(   )→(   )→(   )

3. 지층에 대한 설명으로 옳지 않은 것은?

① 지층의 모양은 다양하다.

② 암석들이 층을 이루고 있는 것이다.

③ 지층은 휘어지거나 끊어지지 않는다.

④ 알갱이의 크기와 색깔의 차이로 인해 줄무늬가 보인다.

⑤ 가장 아래에 쌓인 것이 가장 먼저 쌓였다.

4. 다음은 퇴적암이 만들어지는 과정입니다. ( ) 안에 알맞은 말을 써 넣으세요.

물에 의하여 운반된 자갈, 모래, 진흙 등이 강이나 바다에 쌓인다. 쌓인 (   )은 알갱이 사이의 공간이 좁아지고 알갱이들이 서로 단단하게 붙는다. 이러한 과정이 오랫 동안 지속되어 단단한 (   )이 된다.

초등 5-2	열과 우리 생활
단원 연계	초등 4학년 <물의 상태변화> 초등 5학년 <날씨와 우리 생활> 중 1학년 <열>
단원 필수 학습 개념어	온도, 전도, 대류, 열의 이동, 단열

1. 온도(溫道): 물질의 (　　　　　　)거나 (　　　　　　)한 정도

- 단위:

- 공기의 온도:

- 물의 온도:

- 몸의 온도:

2. OX문제입니다. 문제를 읽고 맞으면 O, 틀리면 X를 표시하세요.

① 비커 속 물의 온도는 알코올 온도계를 물에 넣자마자 측정한다. (　)

② 알코올 온도계의 눈금을 읽을 때에는 위에서 온도계를 내려다보면서 읽는다. (　)

③ 적외선 온도계는 책상, 칠판과 같은 고체 물질의 온도를 측정하는 데 편리하다. (　)

④ 운동장 공기의 온도는 알코올 온도계로 측정하는 것보다 적외선 온도계로 측정하는
　것이 좋다. (　)

⑤ 같은 물질에서 온도는 항상 같다. (　)

⑥ 다른 물질이라도 온도가 같을 수 있다. (　)

⑦ 물질의 온도는 물질이 놓인 장소, 측정 시각, 햇빛의 양 등에 따라 다를 수 있다. (　)

3. 다음 ( ) 안의 알맞은 말에 O표 하세요.

온도가 다른 두 물질이 접촉하면 따뜻한 물질의 온도는 점점 (낮아지고, 높아지고), 차가운 물질의 온도는 점점 (낮아진다, 높아진다). 접촉한 두 물질의 온도가 변하는 까닭은 열이 온도가 (낮은, 높은) 쪽에서 온도가 (낮은, 높은) 쪽으로 이동하기 때문이다.

4. 온도가 다른 두 물질이 접촉하면 두 물질 사이에서 열이 이동합니다. 열의 이동 방식에는 여러 가지가 있습니다. 아래 표의 빈칸을 채워 보세요.

	과학 개념	열의 이동 방향	생활 속 예
고체			
액체			
기체			

초등 6-1	산과 염기
단원 연계	초등 3학년 <물체와 물질> 초등 6학년 <물질의 연소> 중 3학년 <화학반응의 규칙성>
단원 필수 학습 개념어	지시약, 산성, 염기성, 리트머스 종이, 페놀프탈레인 용액, 자주색 양배추 지시약

1. ( ) 안에 공통적으로 들어갈 말은 무엇인가요?

(   )은 어떤 용액을 만났을 때에 그 용액의 성질에 따라 눈에 띄는 변화가 나타나는
물질이다.
(   )은 색깔이 변화됨으로써 용액의 성질이 산성인지 염기성인지 구분할 수 있도록
해 준다.

2. 용액 중에는 색깔이나 투명도 등 겉보기 성질만으로 구분되지 않는 것들이 있습니다. 표에 있는 여러 가지 용액에 다음과 같은 지시약을 떨어뜨렸을 때의 변화를 빈칸에 쓰세요. 이를 바탕으로 각각의 용액을 산성과 염기성으로 구분해 보세요.

구분	식초	유리 세정제	사이다	비눗물	묽은염산	묽은수산화 나트륨용액
페놀프탈레인 용액						
푸른색 리트머스 종이						
붉은색 리트머스 종이						
자주색 양배추 지시약						
용액의 성질 (산성/염기성)						

3. 산성 용액과 염기성 용액이 만나면 어떻게 되나요?

초등 6-2	물질의 연소
단원 연계	초등 3학년 <물체와 물질> 초등 4학년 <여러 가지 기체> 초등 6학년 <산과 염기> 중 3학년 <화학반응의 규칙성>
단원 필수 학습 개념어	연소의 조건, 연소 생성물, 발화점

1. 물질이 산소와 빠르게 반응하여 빛과 열을 내는 현상을 연소라고 합니다. 연소에 필요한 조건은 무엇인가요?

2. 초가 연소한 후 생기는 물질을 알아보기 위한 실험 장치를 꾸미고 실험 결과를 설명해 보세요.

준비물: 집기병(투명 아크릴통), 양초, 푸른색 염화코발트 종이, 석회수, 투명 아크릴판, 핀셋, 비커

초등 3-1	생물의 한살이

1. 동물의 한살이

2. 알, 애벌레, 번데기, 어른벌레(나비)

3. 온도, 물

4. 물, 햇빛

5. (1)물 (2)온도, 공기, 탈지면, 페트리접시 등 (3)물을 준 강낭콩만 싹이 튼다

초등 3-2	지구와 바다

1. 대기

2. 바다

3. 소금

4. 갯벌, 동굴, 해변, 절벽 등

5. 바닷물이 바다 쪽으로 빠져나가는 썰물 때에 조개를 잡을 수 있다 (또는) 바닷물이 빠져나가 바닷물의 높이가 낮아지고 갯벌이 드러나 조개잡이가 가능하다

6. (예시) 갯벌에는 조개, 농게, 짱뚱어, 맛조개 등 다양한 생물이 산다. 갯벌에 사는 생물을 먹고 사는 다양한 새들도 근처에 서식한다. 사람도 갯벌에서 나오는 다양한 생물을 먹고 산다. 그리고 갯벌은 육상에서 배출되는 오염 물질을 정화하는 기능을 가지고 있다. 만약에 갯벌이 오염되면 갯벌에 사는 생물뿐만 아니라 사람에게도 큰 영향을 끼치게 된다. 한번 오염된 갯벌이 원래대로 돌아오려면 긴 시간이 걸린다. 따라서 우리는 갯벌이 오염되지 않도록 유지하고 보존해야 한다

1. 얼음, 물, 수증기

2. 추운 겨울 강물이 언다, 유리컵에 있던 얼음이 녹아 물이 된다, 젖은 머리가 마른다, 어항에 있던 물이 시간이 지나면 줄어들어 어항의 물 높이가 낮아진다 등

3. 물이 얼 때 부피는 늘어나고 무게는 변화 없다, 물이 녹을 때 부피는 줄어들고 무게는 변화 없다

4. 물 표면에서 액체인 물이 기체인 수증기로 변하는 현상을 증발이라고 하고, 물을 가열했을 때 물 표면과 물속에서 액체인 물이 기체인 수증기로 변하는 현상을 끓음이라고 한다

5. 풀잎 표면에 맺힌 이슬, 추운 곳에 있다 집 안으로 들어왔을 때 안경 렌즈에 서린 김, 샤워를 하고 나면 거울에 생기는 물방울, 더운 여름 냉장고에서 꺼낸 주스를 따라 둔 컵 표면에 생긴 물방울 등

1.

※ 달은 둥근 공 모양으로 회색빛을 띠고 표면에 밝은 곳과 어두운 곳, 매끈한 면과 울퉁불퉁한 면, 충돌 구덩이가 있다. 이 특징을 살려 그림을 그려야 한다. 달의 표면에서 어둡게 보이는 곳은 '달의 바다'라고 부른다.

2.

| 초승달 | 상현달 | 보름달 |

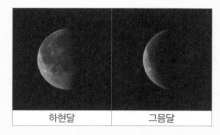

| 하현달 | 그믐달 |

3. 수성, 금성, 지구, 화성, 목성, 토성, 천왕성, 해왕성

| 초등 5-1 | 지층과 화석 |

1. (1)지층   (2)이암, 사암, 역암   (3)화석

2. ①④③②

3. ③

4. 퇴적물, 퇴적암

| 초등 5-2 | 열과 우리 생활 |

1. 차갑, 따뜻

- ℃ (또는) 섭씨도

- 기온

- 수온

- 체온

2. ①X   ②X   ③O   ④X   ⑤X   ⑥O   ⑦O

3. 낮아지고, 높아진다, 높은, 낮은

4.

	과학 개념	열의 이동 방향	생활 속 예
고체	전도	온도가 높은 곳에서 낮은 곳으로 고체 물질을 따라 이동한다	뜨거운 국에 숟가락을 담가 두면 국에 직접 닿지 않은 숟가락의 손잡이가 뜨거워진다

액체	대류	액체에서 온도가 높아진 물질이 위로 올라가고, 위에 있던 물질이 아래로 밀려 내려온다	목욕물이 담긴 욕조에 들어갈 때 윗부분에 있는 물이 아랫부분보다 더 따뜻하다
기체	대류	온도가 높아진 공기는 위로 올라가고 위에 있던 공기는 아래로 밀려 내려온다	겨울철 난방 기구를 켜면 난방 기구 주변의 공기가 따뜻해진다. 시간이 지나면 공기가 대류하면서 집 안 전체 공기가 따뜻해진다

초등 6-1	산과 염기

1. 지시약

2.

구분	식초	유리 세정제	사이다	비눗물	묽은염산	묽은수산화 나트륨용액
페놀프탈레인 용액	X	●	X	●	X	●
푸른색 리트머스 종이	●	X	●	X	●	X
붉은색 리트머스 종이	X	●	X	●	X	●
자주색 양배추 지시약	●	●	●	●	●	●
용액의 성질 (산성/염기성)	산성	염기성	산성	염기성	산성	염기성

3. 산성 용액에 염기성 용액을 많이 넣을수록 산이 점점 약해지고, 염기성 용액에 산성 용액을 많이 넣을수록 염기성이 점점 약해진다. 섞은 용액 속에 있는 산성을 띠는 물질과 염기성을 띠는 물질이 서로 짝을 맞추면서 각각의 성질을 잃어버리기 때문이다

초등 6-2	물질의 연소

1. 탈 물질, 산소, 발화점 이상의 온도

2.

(실험)

– 집기병(투명 아크릴통) 안쪽 벽면에 테이프로 푸른색 염화코발트 종이를 붙인다

- 초에 불을 붙이고 집기병으로 촛불을 덮는다
- 촛불이 꺼지면 푸른색 염화코발트 종이의 색깔 변화를 관찰한다
- 초에 불을 붙인 뒤 집기병으로 덮고 촛불이 꺼지면 집기병을 들어 올려 투명 아크릴판으로 집기병 입구를 막는다
- 집기병을 뒤집어 놓고 식힌 후 석회수를 집기병에 붓고 변화를 관찰한다

(결과)

- 푸른색 염화코발트 종이는 붉은색으로 변하여 연소 후에 물이 생성된다는 것을 알 수 있다
- 석회수를 넣은 집기병이 뿌옇게 흐려지는 것으로 보아 연소 후 이산화 탄소가 생성되는 것을 알 수 있다

특별부록2

중등 편:
핵심 정리 워크북

싱킹맵

✦

데이비드 하이엘David Hyerle 박사가 개발한 싱킹맵은 공부한 내용을 머릿속에서 끄집어내 한 장 정리할 때 유용한 방법 중 하나이다. 학습한 내용을 시각적 틀로 표현하는데, 복잡하고 많은 내용을 명쾌하게 정리하고 암기하는 데 도움이 된다.

총 여덟 가지 유형이 있으며, 그중 서클맵은 개념이나 용어의 정의에 활용된다. 가운데 원에 개념이나 용어를 적고, 그다음 바깥 원과 네모 안에 그 개념이나 용어에 대한 정의, 설명을 적는다(143쪽 참조). 운동과 에너지(물리), 물질(화학) 영역은 개념과 용어가 많이 나오기 때문에 서클맵을 활용해서 정리하면 추후 복습하거나 시험 공부할 때 수월하다.

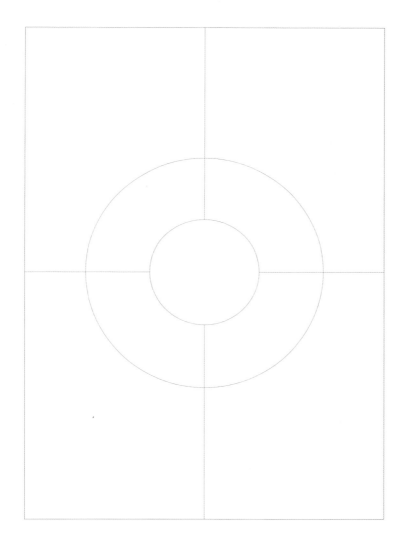

그림이나 표를 활용한 한 장 정리

✦

생명(생명과학)이나 지구와 우주(지구과학) 영역은 물리와 화학에 비해 그림이 많이 등장하기 때문에 한 장 정리를 할 때 해당 단원의 중요한 그림을 그린 후 개념을 정리하는 방법이 유용하다.

한 장에 한 단원을 그림과 함께 통합적으로 정리해 놓으면 유기적인 관계가 한눈에 들어와 이해도가 높아지고 시험 볼 때 머릿속으로 그림이 그려진다. 예를 들어 중 2학년 과학 <식물과 에너지> 단원에서 식물의 뿌리, 줄기, 잎을 그려 놓고 뿌리털에서 흡수되는 물, 호흡과 광합성, 증산작용을 한 장으로 정리하면 쉽게 암기할 수 있다.

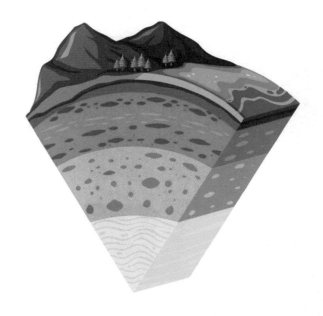

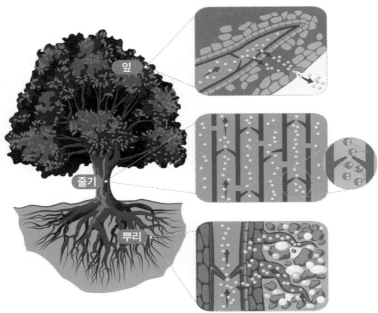

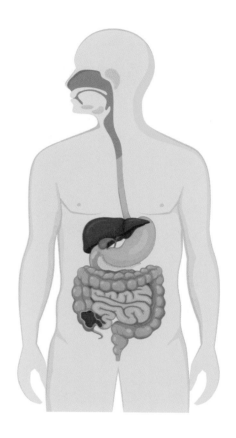

◆ 우리나라에 영향을 주는 기단

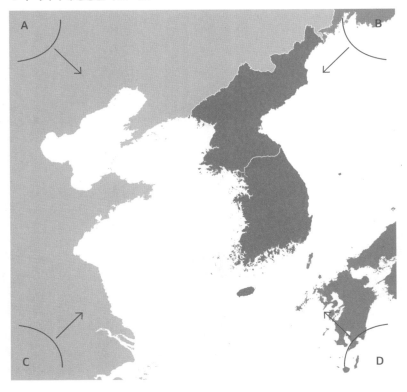

	기단/발생지	성질	계절	날씨
A				
B				
C				
D				

마인드맵을 이용한 한 장 정리

✦

    마인드맵^{Mind Map}은 창의력과 기억력 분야 전문가인 토니 부잔^{Tony Buzan}이 주장한 생각을 정리하는 기술로, 핵심은 주개념, 위계적 조직화, 범주화다. 대단원을 마무리할 때 대단원의 제목을 핵심 개념으로 삼고 그 단원에서 배운 내용들을 위계적으로 조직화, 범주화해 나가면 된다. 그림으로 정리하는 것이 부담스러운 학생들은 마인드맵을 통해 대단원을 위계화하며 한 장으로 정리하는 방법을 추천한다.

예시

- 밀도 = $\dfrac{\text{질량}}{\text{부피}}$ (g/mL, g/㎤)
  물질마다 다름. 같은 물질이면 모양, 크기, 양에 관계없이 일정
- 밀도를 이용한 예
  잠수부 납벨트, 마블링, 서프보드

- 어떤 온도에서 용매 100g에 최대로 녹을 수 있는 용질의 질량(g). 물질마다 다름
- 용해도 곡선 ┌ 포화용액
  ├ 불포화용액
  └ 과포화용액
- 석출량 = 처음 용질량 − 냉각 시 녹을 수 있는 용질량

밀도

용해도

물질의 특성

녹는점

끓는점

- 고체가 액체로 변할 때 일정하게 유지되는 온도
- 순수한 물질: 녹는점 = 어는점
- 물질마다 다르며 같은 물질이면 양에 관계없이 일정

- 주위 압력에 따라 달라짐
  압력▲ → 끓는점▲
  압력▼ → 끓는점▼
- 액체가 기체로 변할 때 일정하게 유지되는 온도
- 물질마다 다르며 같은 물질이면 양에 관계없이 일정

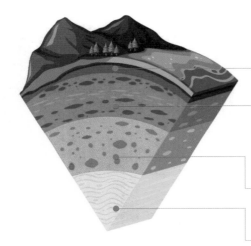

지각
- 대륙지각: 화강암질암석, 평균 35km
- 해양지각: 현무암질암석, 평균 5km
- 지구 바깥 가장 얇은 층 지각: 5~35km

맨틀
- 모호로비치치불연속면~지하 약 2900km
- 지구 전체 부피 80%
- 지각을 이루는 암석과는 다른 종류의 암석으로 이루어짐

외핵
- 액체 상태로 추정
- 철, 니켈로 이루어짐

내핵
- 고체 상태로 추정
- 철, 니켈로 이루어짐

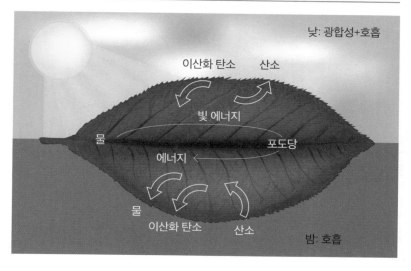

낮: 광합성+호흡

이산화 탄소　산소

빛 에너지

물

포도당

에너지

물

이산화 탄소　산소

밤: 호흡

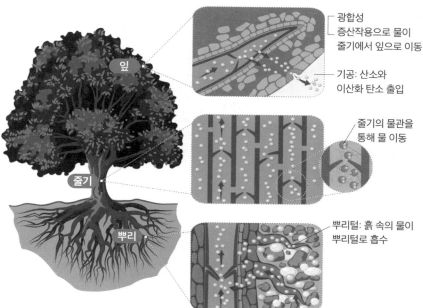

광합성
증산작용으로 물이
줄기에서 잎으로 이동

기공: 산소와
이산화 탄소 출입

줄기의 물관을
통해 물 이동

뿌리털: 흙 속의 물이
뿌리털로 흡수

잎

줄기

뿌리

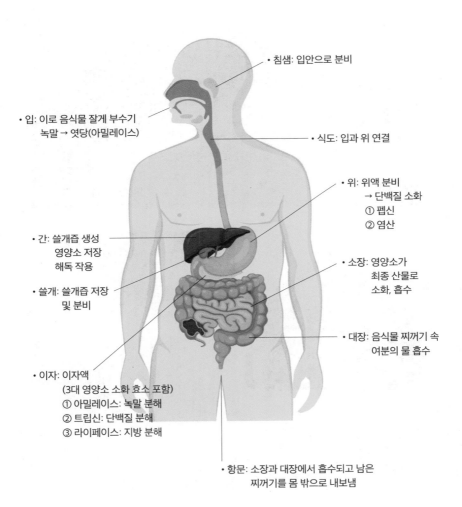

• 침샘: 입안으로 분비

• 입: 이로 음식물 잘게 부수기
  녹말 → 엿당(아밀레이스)

• 식도: 입과 위 연결

• 위: 위액 분비
  → 단백질 소화
  ① 펩신
  ② 염산

• 간: 쓸개즙 생성
  영양소 저장
  해독 작용

• 쓸개: 쓸개즙 저장
  및 분비

• 소장: 영양소가
  최종 산물로
  소화, 흡수

• 대장: 음식물 찌꺼기 속
  여분의 물 흡수

• 이자: 이자액
  (3대 영양소 소화 효소 포함)
  ① 아밀레이스: 녹말 분해
  ② 트립신: 단백질 분해
  ③ 라이페이스: 지방 분해

• 항문: 소장과 대장에서 흡수되고 남은
  찌꺼기를 몸 밖으로 내보냄

	기단/발생지	성질	계절	날씨
A	시베리아 기단 고위도 대륙	한랭 건조	겨울	춥고 건조한 날씨
B	오호츠크해 기단 고위도 해양	한랭 다습	초여름	동해안 지역의 저온 현상
C	양쯔강 기단 저위도 대륙	온난 건조	봄, 가을	따뜻하고 건조한 날씨
D	북태평양 기단 저위도 해양	고온 다습	여름	무덥고 습한 날씨

* 기단: 넓은 범위에 걸쳐 기온과 습도 등의 성질이 비슷한 대규모 공기 덩어리

대륙 → 건조, 해양 → 다습

고위도 → 한랭(저온), 저위도 → 온난(고온)

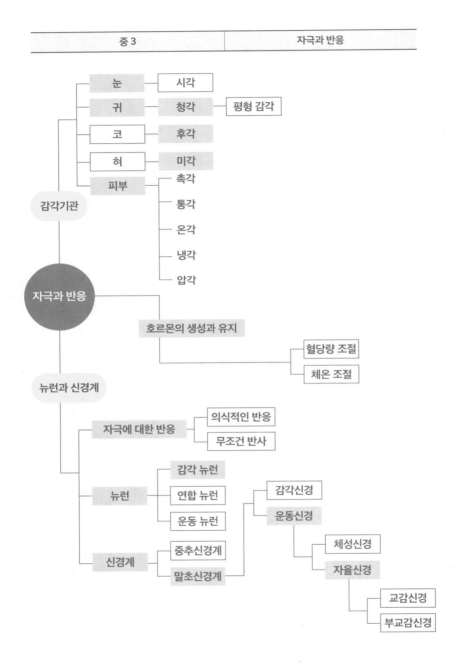

참고 문헌

1. 윤진·전우수, 「초·중학생의 과학선호도 실태 비교 분석」 한국과학교육학회, 2003
2. 윤은정·박윤배, 「과학 용어에 대한 '포털 사전', '표준국어대사전', '과학 교과서' 설명의 비교 분석」 한국과학교육학회, 2017
3. 이지애, 「과학 한자 용어 학습 방법 연구」 조선대학교, 2015
4. 나민애, 『국어 잘하는 아이가 이깁니다』 김영사, 2024
5. 브래들리 부시·에드워드 왓슨, 『학습과학 77』, 신동숙 옮김, 교육을바꾸는사람들, 2020
6. 캐롤 드웩, 『마인드셋』 김준수 옮김, 스몰빅라이프, 2023
7. 마이크 브라운, 『나는 어쩌다 명왕성을 죽였나』 지웅배 옮김, 롤러코스터, 2021
8. 본 저작물은 교육부에서 2024년 작성하여 공공누리 제1유형으로 개방한 '2028학년도 수능 통합사회·통합과학 예시 문항 공개' 자료를 이용했으며, 해당 저작물은 평가원(kice.re.kr)과 대학수학능력시험 누리집(suneung.re.kr)에서 누구나 확인할 수 있다.

통합과학 한 권으로 끝

1판 1쇄 발행 2025년 3월 24일
1판 2쇄 발행 2025년 4월 20일

지은이 엄예정

발행인 김태웅
책임편집 정상미
디자인 곰곰사무소
마케팅 총괄 김철영
마케팅 서재욱, 오승수
온라인 마케팅 김도연
인터넷 관리 김상규
제 작 현대순
총 무 윤선미, 안서현, 지이슬
관 리 김훈희, 이국희, 김승훈, 최국호

발행처 (주)동양북스
등 록 제2014-000055호
주 소 서울시 마포구 동교로22길 14 (04030)
구입 문의 전화 (02)337-1737 팩스 (02)334-6624
내용 문의 전화 (02)337-1739 이메일 dymg98@naver.com
네이버포스트 post.naver.com/dymg98
인스타그램 @shelter_dybook

ISBN 979-11-7210-101-5 03370